JN189148

KTS 鹿児島テレビ　開局50周年記念　復刻版

歌之介の さつまのボッケモン

高城書房

まえがき

鹿児島テレビ放送株式会社
代表取締役社長　荒田静彦

「歌之介のさつまのボッケモン」は、一九九七（平成九）年四月から一九九八（平成十）年十二月まで合計九十一話が放送されました。

放送時間が、毎週月曜日の夜の十一時前という深い時間帯ではありましたが、平均視聴率が十三パーセントという高い支持をいただきました。

この番組のストーリーテラーには鹿児島県肝属郡錦江町（旧・大根占町）出身の落語家・三遊亭歌之介さん、監修を当時鹿児島大学の原口泉教授（現・鹿児島県立図書館長、志學館大学教授）にお願いしました。

そしてこの番組は、一九九七年度・第三十五回ギャラクシー奨励賞と、同年度日本民間放送連盟賞テレビ番組娯楽部門九州・沖縄地区審査会入選という栄誉もいただきました。本編わずか二分三十秒という短い番組が、このような賞に浴するということは、これまでの国内のテレビ番組でもないことでした。

また、視聴者のみなさまのご要望もあり、番組のシナリオを鹿児島テレビ開局三十周年記念事業の一環として、正・続の単行本として平成十年、十一年に高城書房から発行しました。この二巻は県内各地の図書館や教育施設に寄贈されたほか一般に販売され、県内外の方々からたくさんのお褒めの言葉もいただきました。

そして二〇一八（平成三十）年、おかげさまで鹿児島テレビは開局五十周年を迎えることができました。当年は明治維新百五十年にもあたります。維新前後に活躍した郷土の偉人たちを綴った「歌之介のさつまのボッケモン」の復刻が記念事業の一環としてもふさわしいと考え、今回の発刊となりました。改めて郷土の先人たちの〝ボッケモン〟ぶりを楽しんでいただければ幸いです。

復刻にあたっては、二〇一九（平成三十一）年に四代目・三遊亭圓歌を襲名される三遊亭歌之介さんと、監修の原口泉先生、高城書房の寺尾政一郎さんにご理解とご協力をいただきました。改めてお礼を申し上げます。

なお、このシナリオは放送当時の原稿をそのまま収録したものです。史実研究の点で、その後いくつかの新説が出てきておりますことをご了解の上、お楽しみいただきたく、一言申し添えます。

平成三十年七月

平成九年度日本民間放送連盟賞
テレビ番組娯楽部門九州・沖縄地区審査会入選作品
一九九七年度・第三十五回ギャラクシー奨励賞受賞作品

目次※歌之介のさつまのボッケモン

装幀　丸岡啓子
表紙絵　田中ちぐさ

歌之介のさつまのボッケモン

こども時代の西郷さんの巻

今夜から、鹿児島が生んだ「ボッケモン」のエピソードを紹介していきもんど（いきますよ）。

一回目のきょうは、あの西郷さんです。

西郷さんは、城山の麓、鹿児島市の市立美術館の左手側の築山《つきやま》に、りっぱな軍服姿で立っておいやっですね（立っておられますね）。

東京・上野の西郷さんは、かすりにゲタばき、横には、ちまんか（小さな）愛犬の「ツン」を連れておいやっです。

きょうは西郷さんのお子さま時代の話をちょびっとやってみもんそ（みましょう）……。

鹿児島では、男の子は最初「アカゴ（赤ん坊）」、そして幼稚園から小学生ぐらいを「コチゴ（小稚児）」、そん次ぎ「オセチゴ（長稚児）」、ちょっと色気が出てくると「ニセ（二才）」。「ヨカニセ」ち（と）、よく言いますよね。そして年取ると「オセ（長老）」、「オンジョ（老爺）」。こう呼んじょっですね（呼んでいますね）。

……女の子は「アカゴ」、「オゴ・おごじょ」……そん次ぎ以降はぜ～んぶ（全て）「ばっばん」と呼ぶことになっちょっです（なっています）。

さて、西郷さんがまだ「チゴさあ」の頃ん（の）話です。

鹿児島市の下加治屋町《したかじやまち》で、下級武士の長男として生まれた西郷さんですが、幼名を「小吉《こきち》」と言っておりました。小吉は、同じ年頃の子どもと比べても、背が高くて、目玉もギョロリ。芯が強くて、少々のことには動じない。そして友人や後輩たちへの面倒見もいい……。将来、大物になるというニオイがプンプン感じられますね。小吉が大きくなると「吉之介」です。「歌之介」とは、わけが違ご！

このころは、薩摩藩独特の「郷中教育《ごじゅう》」と言いまして、ま、他の藩で言えば「寺子屋」のようなものですが、ニセやオセの人達がチゴの教育などもやっておりました。

この、同じ郷中のワンパクどもが、ある時、

「おい、みんな来てみれ（来てみなさい）。小吉《こきち》は、テゲなこと（少々のこと）では驚かんどね（驚かないね）。今度みんなで驚かしてみっが（みよう）」と企《くわだ》てました。

その日、西郷さんは、いや、西郷クンかな？　家のお遣《つか》いで、近所にオカベ（豆腐）を買いに行って、帰るところでした。

オカベを入れたアミカゴを持って、西郷さんが通りの角にさしかかると、石垣の蔭《かげ》に隠れていたワンパクどもが一斉に「ワーッ」と、西郷さんの目の前に飛び出しました。

ワンパクどもは、西郷さんがビックリして、ハントケル（ころぶ）ことを期待していたのですが、その西郷さんは……、
まず、手に下げていたオカベのカゴを、そばにあった石の上に置いて、その次に「ワーッ」のかっこうのままでフリーズした状態のワンパクどもの前に進んで、一言《ひとこと》。

「あー。たまがったがー（びっくりした）」

『センダンは双葉《ふたば》より芳《かんば》し。うちの階段は二段めからヤカマシ（？）』と言います。

やっぱい（やはり）西郷さんは、こまんか時からボッケモンやったんですねぇー。

一九九七年・平成九年四月七日放送

西郷さんとサイフの巻

今夜の「ボッケモン」は、「西郷さん」。その第二弾です。

西郷さんは、藩主・島津斉彬《なりあきら》公にその実力を認められて「お庭番《にわばん》」に抜擢されました。

「お庭番」は、殿様の隠密の秘書であり、ガードマンであり、常に殿様のそばにつかえて、いろいろな情報を伝えたりします。時には、スパイみたいな動きもして、情報をつかんできます。そして、お座敷の上ではなく、お庭に控えて殿様にそっとその情報などを伝えるわけですね。

殿様がもしマンションにお住まいだったら「ベランダ番」ということになるんですね。殿様がお出掛けの時は「留守番」に「電話番」……そんなことはどうでもいいんですが……。

さて、お庭番の西郷さんは、ある時、殿様の参勤交代のお供を命じられて江戸へと向かうことになりました。これは、その道中でのエピソードです。

「下に〜、下に〜」……参勤交代の行列は殿様の乗ったお駕籠《かご》を中心に、お供の侍やら（など）合わせて、千人以上もの行列となったそうです。この行列がテクテクと江戸までの遠い道のりを歩くわけですね。

行列は、とある街を抜け、山道にさしかかったところで、小休止となりました。西郷さんも「やれやれ、ひとやすみ、ひとやすみ」と、そばを流れる小川で顔を洗おうとしました。

その時、からだをかがめた拍子に、西郷さんのふところからポトリと紙入れ、サイフですね、これがヒッチャレて（落ちて）しまいました。

西郷さんは、気づいたのか、気づかないのか、そのまま顔を洗って立ち去ろうとしています。

そばにいた同僚の侍が気づいて、この紙入れを拾って西郷さんに言いました。

「西郷どん、紙入れがヒッチャレもしたど（落ちましたよ）」

これに答えて西郷さんは言いました。

「わかっちょいもす（わかっています）。ごあんどん（しかし）、こん紙入れは、あたい（私）のふところに入っているのがイヤで飛び出したもん（もの）でごあんそ（ありましょう）。もうあたい（私）のもん（もの）では、ごあはん（ありません）。おまんさあ（あなた）に拾われたちゅうことは、おまんさあに紙入れの方がホレタとでごあんそ。かまいもはんで、おはんが持っちょって（持っていて）くいやはんか（くださいませんか）」

西郷さんは、涼しい顔で行ってしまいました。

……と、こんな話が残っています。まー、なんと欲のない人なんでしょうか。「命もいらず、金もいらず」……それが西郷さんが私たちに残した教訓のひとつですね。

その西郷さんは、私学校の塾生たちがひきおこしたクーデター、つまり西南戦争で、その責任感から、みずから先頭に立ち政府に戦いを挑みました。

それが、今からちょうど百二十年前の、明治十年のことです。

激しい戦いの末、この年の秋、西郷さんは城山の露と消えたのです……。

四月十四日放送

大久保さんはいたずらっこの巻

きょう紹介する「ボッケモン」は大久保利通《おおくぼとしみち》どん（さん）です。

大久保どんは、鹿児島城下高麗町《こうらいちょう》に生まれました。高麗町は「これまち」とも言われていましたね……。

まもなく一家は、甲突川《こうつきがわ》をへだてた下加治屋町《したかじやまち》に移り住みました。

西郷さんもこの下加治屋町の生まれで、歳は西郷さんの方が三つ上ですが、西郷さんも大久保どんを「みどころのある男」と思っていたのでしょう。こどもの頃から「吉之介さあ」、「正助《しょうすけ》どん」と呼び合って仲良くしていたようです。

きょうのお話は、大久保どんが、こどもの頃は結構〝ワンパク少年〟だったというおはなしです。

「正助どん」、これは大久保どんの子どもの頃の呼び名ですが、よく家族で入来《いりき》の温泉に出掛けたようです。

正助どんは、ちょっと胃が弱かったようですね。

入来・副田《そえだ》の温泉は、昔からの名湯で、湯治客も多かったようですが、お湯の温度が高いので、水を引いてきて〝お湯をウンベテ（うすめて）〟つかっていました。

湯船に、アツ～イお湯と、水とが流れ込んでいるのを見て、正助どんに、ある「いたずら」が思い浮かびました。

湯治の客が、服をぬいで「は～、きゅ（今日）は、ダレもしたな～（疲れましたね）」とか言いながら、湯船に入ろうとした瞬間、お湯の流れ口にかくれていた正助どんは、流れ込む水を　せきとめてしまいましたから、もうお客さんはタイヘン！

「アイターッ」……「アイターッ」……。

なぜか鹿児島では、熱いお湯に入ると「アツイ」と言わずに「アイタ（痛い）」と言うんですよね。

何も知らずに、次のカモ……いや失礼、次のお客がやってきました。

マッテマシタ……という感じで、こんどは正助どん、「お湯」の流れ口の方をせきとめてみました。

「チンタカーッ（冷たい）！」

お客さんは、おおあわてで逃げていきました。正助どんは大喜びです。

正助どんの父親の次右衛門《じうえもん》という人も、スケールの大きい人だったのでしょうか、正助どんの少々のいたずらは大目に見ていたようです。ただ、「男の子が卑劣なことをしてはいかんど！」と教育していたようです。

甲突川にかかる高見橋《たかみばし》のたもとに大久保どんの銅像が建っていますが、とても、こんな〝いたずら小僧〟の時代があったとは思えませんね。

四月二一日放送

五代才助の世界地図の巻

今夜のボッケモンは、鹿児島城下の儒学者の次男として生まれ、のちに大阪商法《しょうほう》会議所の初代会頭となった五代友厚《ごだいともあつ》をご紹介しもんそ。

友厚は、こどもの頃の名前を「才助《さいすけ》」と言っておりまして、やはり小さい時からテンガラモン（おりこうさん）だったようです。

才助が十四歳のある日のことです。父親の直左衛門《なおざえもん》に呼ばれて部屋に行ってみると、大事そうに一枚の地図が置かれていました。

「才助、きょう殿様から『世界地図を描いてこい』と言われたがよ。おまえが描いてみる気はなかか（ないか）？」

〝殿様〟とは、あの名君・島津斉彬《なりあきら》公のことです。

才助の父は、町奉行《まちぶぎょう》であるとともに、殿様の書記《しょき》の仕事もしていましたから、斉彬公が手に入れた地図を写すように命じられたのでした。

「はい。あたいにやらしてくいやんせ（私にさせてください）」

才助は、生まれつき絵を描くことが好きでしたから、来る日も来る日も、部屋にこもって地図を写し続けました。

そして半年がたった時、才助の手には二枚の地図が出来上がっていました。

「父上、地図ができもした（できました）」

「うん、よかふに（良い感じで）できたね。ごくろうじゃった。じゃっどん（けれども）、殿様に差し出す地図は一枚でよかったたっど（よかったんだぞ）。もう一枚は、どうすっつもいか（何をする気だ）？」

才助には、ある考えがあったのです……。

十日ばかりして、才助が飛ぶようにして父親のところへやって来ました。

「父上、地球儀です！　地球儀ができもした！」

才助は写した地図をじょうずに切って、まんまるの地球儀を作りあげたのでした。

……いやあ、才助は世界地図を描きましたか。

私もチンケ時（こどもの頃）は、よくシビン（小便）をひっかぶって（漏らして）、フトンに世界地図を描いたもんです。

それも週に三回！　かあちゃんにガラレました（怒られました）。えらい違いですが！

四月二十八日放送

きのうの敵はきょうの友　黒田清隆の巻

今夜のボッケモンは、西郷・大久保の後を継ぐ大人物と言われ、北海道開拓長官《かいたく》、そして第二代内閣総理大臣にもなった黒田清隆《くろだきよたか》をご紹介しもんそ。

黒田は、明治二年には北海道の五稜郭《ごりょうかく》の戦い、「函館戦争」とも言いますね、この戦いに新政府軍の参謀《さんぼう》として参加します。

五稜郭にたてこもっているのは、旧幕府の海軍総裁・榎本武揚《えのもとたけあき》です。

時代は〝明治〟に変わったんですが、「北海道に自分の国を作るんだ」と、新政府にたてついたんですね。

戦いは、黒田らの政府軍が圧倒的に優勢で、最後の降伏勧告に、榎本は何を思ったか、自分で編纂《へんさん》した「万国海律全書《ばんこくかいりつぜんしょ》」という本二冊を、敵の大将である黒田に送り付けました。

この本は、榎本がオランダに留学していた時に、コツコツと書き集めていた兵法《へいほう》に関する書物で、いよいよ五稜郭が焼かれると思った榎本が、「この本は将来、日本の役に立つ本だ。この本まで焼いてしまうには忍びない」と、黒田に預けたのでした。

これが、黒田の心を打ったんですね。

黒田は、清酒五樽を榎本に贈って、「この貴重な書物はいつか、本にして出版しもんで（しますからね）。この酒でも飲んで、労苦をしばし忘れてくいやんせ（忘れてください）」と、手紙も添えました。

〝敵に塩を贈る〟というのがありますが、黒田の場合は、酒を贈ったんですね。北海道じゃっで（なので）、やっぱいシャケ（酒）が一番じゃろち。

そして、戦いはついに政府軍が勝利、榎本は処刑される運命でした。ここでも黒田は、ひとりでキバリます（がんばります）。その交渉する相手は、あの西郷さん……。

「西郷さん、どうか、あの榎本という男の処刑をば取りやめるわけには、いっもはんどかい（いきませんか）」

「黒田どん、榎本は敵の総大将じゃ。いくら黒田どんの頼みでも、今度ばかりは聞けもはん（聞けません）」

「西郷さん、榎本は殺すには、ほんのこて（本当に）惜《お》しか男です。あたい（私）は何でんしもんで（何でもしますから）、どうか、どうか……」

黒田が、懸命に頼むものですから、西郷さんもついに根負け……。

「黒田どんが、そしこ（それだけ）言《ゆ》やっとなら、助けんなら（助けましょう）……」

こうして、黒田の命乞いで、榎本は牢屋に入ることだけで済み、一命をとりとめました。

のちに、榎本は外務大臣にまで出世していきますが、黒田から受けた恩義は一生忘れなかったといいます。

〝きのうの敵は、きょうの友〟、黒田清隆の巻でした。

五月五日放送

北海道に日本のビールを！　村橋久成の巻

今夜ご紹介する「さつまのボッケモン」は、日本のビール製造の道を開き、北海道・札幌にビール工場を作った村橋久成《むらはしひさなり》です。

村橋は、幕末に薩摩藩が十九人の留学生と使節をイギリスに送ったうちのひとりです。

その時、村橋は二十三歳。西洋の文明を取り入れようと、藩をあげての極秘派遣ですので、藩内から選《え》りすぐりの人材が選ばれました。

それにしても初めてイギリスに行った〝さつまのサムライたち〟は、どげん（どんなにか）ひったまがった（びっくりした）ことでしょう。そら、見るもの、聞くもの、なんでんかんでん、初めてのことだらけのカルチャージョッキ、いやショック……オイルショック、タイムショックじゃー。

たとえば、パイナップル。見たこっもなか（見たこともない）果物だったでしょうね。

トゲトゲが手をツンヌクリそう（突き刺しそう）じゃっどん、食べると、ボリ（たいへん）ウンマカ（おいしい）。

この〝マツボックリ〟に似た果物を留学生たちは、何と名付けたと思いやってですか（思われますか）？……「マッカサ・クダモノ」！　実にうまい表現ですね。

そして、エゲレスでは、世にも不思議な飲み物に出会います。シャボンのように白かアブクが立って、そん下は透き通った、きれいな黄金色《こがねいろ》。

エゲレス人は、これを実にうんまかそうに飲んじょっ。村橋たちも　おそるおそる口に運んでみた。すると、どげんでしょう。シュワシュワ～……口の中で、はじけるようなさわやかさと、ほろ苦さ……。初めての土地での緊張やら、ダレ（疲れ）もどこかへ飛んで行ってしまいそうです。

それが「ビール」ちゅう飲み物やったんですね。村橋は、このビールのとりこになってしまいました。

帰国後の明治四年、村橋は北海道の開拓使に応募します。

「エゲレスで飲んだ、あのビール……。作っときに使う《ホップ》ちゅう草が、北海道に生《お》えちょっらしか（生えているらしい）。それに、絞った麦の汁を冷やす《氷》も、北海道なら、いっき（すぐに）手に入る。あの広か北海道で、自分の手でビールを作ってみたか（みたい）」と考えていたのでした。

イギリス留学までした村橋です。東京で働けば、明治新政府のツエタチ（強い人）＝えらい人になることが確実なんですが、北海道での「ビール造り」に情熱を燃やしていくわけです。

このあと、村橋は苦労に苦労を重ねて、ついに札幌に念願のビール工場を完成させますが、そん時の苦労話は、また今度しもんそ。

五月十二日放送

大久保さんは〝まっしぐら〟の巻

きょうのボッケモンは、大久保利通《おおくぼとしみち》どんです。

前回、大久保どんが、こどもの頃はアバテンネヒコ（とっても）いたずらをしていたことを紹介しましたが、きょうは大人になってからの大久保どんのエピソードをご紹介しもんそ（いたしましょう）。

大久保どんは、岩倉具視《いわくらともみ》などと一緒になって倒幕運動で活動して、明治の新政府では「参議《さんぎ》」や、「内務省《ないむしょう》長官」などの重要な役職につきました。

これは、明治八年頃、大久保どんが四十六歳のころ、東京の内務省の廊下でのできごとです……。

内務省に勤める給仕さん、今で言えば、社員食堂のウエイターさんでしょうか、お盆に熱いお茶の入った土瓶《どびん》をのせて歩いていましたら、すれちがう人にぶつかって、お盆を廊下にヒッチャラカシテ（落っことして）しまいました。

これを見ていた松田さんという、内務省の職員がひどくこのウエイターさんをガリ（おこり）ました。

「おまんさあは、なんごて、よけんがったとな」

……イヤ、ここは東京でした……。

「君は、なぜ来る人をよけなかったのかい？」

この様子を、大久保どんはそばで見ていて、笑いながら言いました。

「松田君、そげん（そんなに）、ガランでもよかが（おこらなくてもいいよ）」

……これから以降は、松田さんにもわかるように、標準語で言います。

「松田君、世の中というものはだね〜、いつも熱いお湯を入れた器《うつわ》を捧《ささ》げ持っているという心構えでないといけない。これを持って歩くには、足を地に踏み付け踏み付け、すこしずつ、そしてまっすぐ進まんといかん。たまたま、前に人が来たからといって、へたによけようとすると、器を落とすし、自分の手をヤケドすることになるのだよ」

……いけん（どんなにか）よか言葉ですか……自分の道を突き進んだ大久保どんらし

い話ですね。

その大久保どんは、このような〝まっぽしドン（まっすぐドン）〟の性格からでしょうか……兄と慕った西郷さんと意見が対立して、敵・味方となって西南戦争を戦うことになります……。

今晩の〝ボッケモン〟は、大久保利通どんの巻でした。

五月十九日放送

できたぞ！「薩摩辞書」前田正名ほかの巻

まずは、この本を見てくいやんせ。これは鹿児島市にある出版社（高城《たき》書房）が完全復刻した「薩摩辞書」です。ラベル、装丁、文字の大きさまでズルッ（全部）、初版本とそっくりということです。「薩摩辞書」と言いましてもですね、中は英語の辞書なんですね。これを作ったのが、薩摩の三人のボッケモンです。

その三人とは、のちの〝日本勧業銀行総裁〟高橋新吉《たかはししんきち》、のちに〝山梨の蓑笠《みのかさ》知事〟〝農商務省次官〟前田正名《まえだまさな》、そして正名の兄・献吉《けんきち》です。

幕末、薩摩藩はイギリスに留学生を派遣することにして、人材の選定を進めていました。三人の夢も、このイギリス留学でした。しかし結局、三人は薩摩藩の留学生には選ばれんかったんですね。

（新吉）「何が何でもエゲレスに行きたか。なあ前田どん、わがどで（自分たちで）行く方法は、なかもんじゃろかい」

（正名）「高橋さあ、そいには、ズンバイ（たくさん）ゼン（銭）がかかいもんど」

（献吉）「そいなら、わがたちでエゲレスの言葉と日本語の辞典をば出して、その売り上げ金で留学ちゅうのは、どげんごあんそかい」

（二人）「そんた（それは）よか考《か》んげじゃ。早速やいもんそ（やりましょう）！」

何ちゅうボッケな考んげでしょうか。それまで幕府が作った英和辞典は二種類が出ていましたが、十両、二十両という高値で売られていました。今なら新車が買える値段です。「作れば高くで売れる」、それに「自分たちもエゲレスの言葉の勉強になる」……一石二鳥ちゅうわけです。

三人は長崎へと向かい、そこでフルベッキというアメリカの宣教師の指導を受けながら、辞書作りを進めました。

ひとつひとつの単語に、カタカナで読みをつけたところも辞書として初めてのことで、四万語も集めましたから、原稿ができるのに三年近くがかかってしまいました。

……辞書を作るのに三年かかりましたか。私は三十八年かかって、やっと十九坪の地所《じしょ》を持つことができました。ジジョが違ごち！

原稿が出来たら、次は印刷です。

「『活版印刷』ちゅうのが上海《シャンハイ》でできるそうじゃ」

……時代は明治へと変わる直前。海外渡航は許されていましたが、まだまだ簡単に行ける時代ではありません。そこもボッケモンの本領発揮です。正名と新吉が上海へ原稿を持ち込みました。

薩摩の三人が作った「薩摩辞書」。実用的で、西洋風の作りが、ハイカラ好きな明治初期の人達に売れに売れたようです。おかげで、三人は念願の海外留学を果たすことができたというわけです。ほんのこっの（本当の）ボッケモンたちですね。

五月二十六日放送

アメリカのブドウ王　長沢　鼎の巻

今夜ご紹介するボッケモンは、十三歳の幼さで薩摩藩の英国留学生に選ばれ、のちに「アメリカのブドウ王」の異名を取った長沢鼎《ながさわかなえ》です。

薩摩藩の英国留学生が、串木野・羽島《はしま》の港を密かに出港したのが、一八六五年（慶応元年）。時代が明治へと変わる三年前のことです。

幕府の役人に見つかってはマズイことになるので、全員が殿様につけてもらったという変名を使いました。最年少の長沢鼎は本名を、磯長彦輔《いそながひこすけ》と言いますが、長沢は死ぬまで、この変名のままで通しました。

イギリスに着いた長沢は、ひとりだけスコットランドの中学校に通います。

二年後、長沢はロンドンに帰って、他の留学生たちと合流しますが、時あたかも、日本国内は王政復古でゴタゴタ状態。

「もう送金できもはん。学費のメドがつかん人は帰って来《き》やんせ（帰ってきなさい）」

と、薩摩から連絡がきました。

こんな心細い時に知り合ったのが、アメリカ人のハリスという宗教家です。

「アナタハ、カーミ（神）ヲ、シンジマースカ？」てなことは言わなかったでしょうが、長沢たちは、このハリスの説く教えに心底、傾倒していきます。そしてハリスが生活の面倒も見てくれるというので、長沢、森有礼《もりありのり》ら六人は、ハリスに連れられてアメリカへと渡ります。

やがて、森たち五人も日本へと帰っていき、アメリカに残ったのは長沢ひとりになりました。

一八七五年、ハリスが言いました。

「カナエ、カリフォルニアデ、ワインヲ、ツクッテミマセーンカ？」

「ハリス先生、私も連れていってくいやんせ」

こうして、長沢はハリスと一緒にニューヨーク州から、太陽の国、ワインの国、カリフォルニア州へと移り住みました。

ここで長沢は、ワイン造りに精出します。ブドウ園は、最盛期には八百ヘクタールもあったといいます。

そして、ハリスが亡くなると、ブドウ園は長沢のものとなり、禁酒法が解かれた一九三三年には、蓄《たくわ》えていたワインをいっせいに放出して、莫大な富を得ました。

恩を受けたハリスへの心遣いからでしょうか、長沢はアメリカ永住を決めました。しかし何度か帰国もしています。そのとき親戚が結婚話を持ちかけてみましたが、「忙しもんごあんで、そいどこいじゃごあはん」と取り合わず、生涯を独身で通しました。

「アメリカのブドウ王」長沢鼎は八十三歳で波乱に満ちたその生涯を、かの地で閉じました。今は鹿児島市の興国寺《こうこくじ》墓地に眠っています……。

ボッケモン・長沢鼎のお話でした。

六月二日放送

初の帝大女子学生　丹下梅子の巻

さつまのボッケモンは男性だけじゃ、ごあはん。今夜ご紹介するのは女性ですよ。丹下梅子《たんげうめこ》。女性としては、日本で初めて帝国大学に入学した化学者です。ビタミンの研究をしやったんですねー。四角い帽子をかぶった胸像と、記念碑が鹿児島市の金生町《きんせいちょう》にありますね。

梅子は明治六年、大きな蔵をいくつも持つ金生町の商人・丹下家に生まれて、そりゃー裕福に育っていきますが、三歳の時、人生を変える大変な事故が起きてしまいます。

それは、〝おぎおんさあ〟（祇園祭）の日でした。

姉たちと〝ままごと遊び〟をしていた梅子でしたが、家の前まで行列が近づいたというので、〝ままごと〟の竹箸《たけばし》を持ったまま走り出しました。

「ギャー！」「お母さん！梅子ちゃんが大変だ！」

廊下のはしでハントケテ（ころんで）しまった梅子の右目に、竹箸が突き刺さってしまったのです。治療の甲斐もなく右目は失明してしまいました。ムイナカ（かわいそうな）ことですね。

この身体のハンディや、身分差別の激しい時代がそうさせたのでしょうか。梅子は勉強も字も〝うめこっ（うまいこと）〟。わかりますか？　梅子と〝うめこっ〟をかけてあるんですね。

明治三十四年には、東京の日本女子大学の第一回生となって首席で卒業、文部省が実施した〝化学の先生になる検定試験〟に女性第一号として合格します。

これには学界もビックリ！　ヒッタマガリました（驚きました）。女性で、こげん（こんなに）勉強ができる人がいるということがわかったんですね。ついに大正三年、宮城県の東北帝国大学に全国から選ばれた三人の女性が入学することになりました。もちろん梅子もそのひとりです。日本最初の女子帝大生の誕生です。この時、梅子は四十一歳。

「神聖な学問の場に、女を入れるとはけしからん！」「どうせ男には勝てん！」……杜《もり》の都は大騒ぎとなりました。

ところがドッコイ、ドンドコショ。実験の授業では、男子学生は試験管の洗い方も知りません。梅子はツーッ（さっさと）、実験を始めています。化学式の、あの〃亀の甲羅〃みたいなやつ、梅子はスラスラ書いていっています。

私はあれは、〃タワシを作る時の設計図〃かち、ずーっと思っていましたがよ。そんなことはどーでもいいんですが、梅子をナメてかかっていた男子学生も、スッパイ、いや、失敗。もう尊敬のまなこです。

梅子は、のちアメリカ留学もし、東京帝国大学から農学博士号の称号も受けて学問一筋の人生を送りました。

学問の道をひたむきに突き進んだ、まさに女性版の〃ジョーキ機関車〃＝〃ジョセイ機関車〃ですね。

六月九日放送

近代国家に刀はいらぬ　森有礼の巻

今夜ご紹介するボッケモンは、「初代文部大臣」といえば、みなさんよくご存じの森有礼《もりありのり》です。

有礼は十九歳の時、念願がかなって薩摩藩の英国留学生に選ばれてイギリスへと渡ります。

ここで西洋の進んだ法律や教育制度を学んで、明治元年に帰国しました。そして、明治新政府の公議所《こうぎしょ》の「議長心得《ぎちょうこころえ》」に任命されました。公議所は、のちの衆議院です。ここで有礼は、日本の近代化のために、次々と政治の改革に取り組んでいきました。

この中で有礼は、

「日本の近代化にとっては、新しい制度を作ることも大事じゃっどん（大事だが）、その推進者の武士階級が古か考えを捨てんといかん」と考えます。

つまり、武士から刀《かたな》を取り上げれば、封建的な精神も改まって、文明人に変わるにちがいない……これが有礼の唱える「廃刀案《はいとうあん》」なんですね。

先生に出すのは、

「ハイ、答案」……ジェンジェン関係ないですね……。

有礼は「廃刀案」の長ーい理由書を公議所で読み上げました。

「時代は、もう明治ごわす。武士が刀を持つ必要はなかち（必要はないと）、思いもす」

これを聞いた全員からは、ブーイングの嵐です。

「武士の魂《たましい》である刀を、本心から廃止せよとおっしゃるのか！」

みんなが有礼につめよります。すかさず有礼は、

「武士の魂は、〝人斬り包丁〟には、ごあはん（ありません）。ここにあいもんど（あります）！」

有礼は、ポンと腹をたたいてみせました。

国のためになると思って出した案は、全員によって否決。やむなく有礼は辞表を出して、鹿児島へと帰っていきました。

それから七年後の明治九年になって、有礼の唱えた「廃刀案」は布告されて、軍人などを除いて刀を持つことが禁止されました。

のちに有礼は、伊藤博文内閣の時に初代文部大臣となり、「小学校令」「中学校令」などを制定して、日本の学校制度の近代化に尽くしました。

名前が「森」だけに、よく木（気）がつきますね。

イヤー、何事も古い考えを打ち破って、新しいことをするというのは難しいもんですね。わたしも、初めて洋式トイレに入った時は、どうも落ち着かんかったですがよ。

六月十六日放送

豪傑！「人斬り半次郎」桐野利秋の巻

今夜ご紹介するのは〝人斬り半次郎〟の異名をとる剣の達人・桐野利秋《きりのとしあき》です。

桐野利秋は、今の鹿児島市・吉野町の貧乏郷士《ごうし》の家に生まれました。城勤めの上級武士には、「吉野のカライモ侍《ざむらい》」と馬鹿にされながらも、示現流《じげんりゅう》の腕前と才能で、のちに日本で最初の陸軍少将になった人です。

その桐野利秋が若い頃、まだ中村半次郎《なかむらはんじろう》と名乗っていたころの話です……。

春のある日、半次郎が吉野の実方《さねかた》の道を歩いていると向こうから馬に乗った侍が近づいてきました。

「威張った侍が来いが（来るが）、タマガラシテやれ（驚かしてやれ）」

血気盛んといいますか、ワレコッポ（いたずら者）といいますか、半次郎はすれ違いざまに馬のシッポを、ターシッと切り落としてしまいました。

「ヒヒーン！」……うんま（馬）はひったまがって（びっくりして）、顔が、こげ～ん（こんなに）長くなっています。ま、丸顔の馬はあまりいませんが……。そういえば、猫背《ねこぜ》の犬も最近は見かけませんね。そんな悠長なことを言ってる場合ではありません。

侍は馬から飛び降りて、「わいは、ないすっとか（お前は、何をするんだ）！」刀を抜いて身構えました。

侍のタマガッた様子を見て、半次郎は大笑いです。「ハーハッハッハ」

「わいは、中村半次郎じゃな！」

「半次郎なら、どげんすっとな（どうするつもりだ）！」半次郎も刀を抜いて、示現流独特の構えを見せます。

「よし！　今日こそは、ケスイボの（小生意気な）わい（おまえ）の首を、ホタイ斬っちゃる」

「後悔しやんな」

「だまれ！　吉野んカライモが！」

こうなったら　だれが止めにはいっても、〃♪もー、どうにも止まらないー〃です。ジリジリと間合いが詰まって、今にも剣を打ち込もうとした瞬間、

「いっとっ（一時）待ってくいやんせ（待ってください）」半次郎が飛び退がります。

「逃ぐっとか（逃げるのか）、卑怯もんが！」

「逃げやせん。ちょっち（ちょっと）、用事ができもした」

半次郎は刀を地面に置いて、しゃがんだかと思うと、

「ブッブーッ」……そら、見事なオナラです。おまけに強烈な〃薩摩香水〃のニオイつき……。「すんもはん（すみません）、吉野んカライモは、こげん時に困いもす」

侍も「クッセー」。鼻をつまんで　もう勝負どころではありません。

「さあ、やいもそか（やりましょうか）」「もう、やめもんそ（やめましょう）」「やめもんそ」

やるか、やられるかという決闘の時にオナラをコクとは、なんちゅうボッケモンでしょうか。これがホントの、示現流〃へー法〃（兵法）……。ハ、クサー。

六月二十三日放送

黒砂糖販売は自分たちの手で　丸田南里の巻

みなさんは、丸田南里《まるたなんり》という人を知っちょっいやったですか（知っておられましたか）？

丸田南里は江戸時代末期、奄美大島に生まれました。マッコテ（本当に）、ビンタ（頭）の良か子どんで、十五歳の時、白砂糖の製造指導のために奄美に来ていたイギリスの商人・グラバーに勧められて、イギリスへと命がけの密航をします。

ロンドンや上海で西洋的な商売の仕方を学んだあと、十年後にひょっこり奄美に帰ってきました。時代は明治に変わっていましたが、「大島商社」という会社ができていて、島民が作った黒砂糖をぜーんぶ、とんでもない安さで買いたたいていたわけですね。

「これじゃ、江戸時代とおんなじじゃ」

自由貿易の国を見てきた南里は、大島商社に食い物にされている島民たちに、「自分たちが作った砂糖を、自分たちで売れないのはおかしい。自由な商売をすべきだ」と説得します。

南里の熱っぽい説得に、島民たちも「ウガシ、ウガシ、南里ノユントゥリジャガ（そうだ、そうだ、南里の言うとおりだ）」と共鳴していきます。

手初めに、大島支庁に「砂糖を自由に販売させてくれ」と、かけあいますが、ケンもホロロ、ウグイスはホーホケキョ……じぇーんじぇん（全然）、とりあってくれません。

「こいじゃ話にならん」と、今度は四百キロも離れた鹿児島県庁へと、はるばる陳情に出かけますが、「大島支庁を飛び越して直訴《じきそ》とは何事か」と、逆に〝棒たたきの刑〟にあってしまいます。マッコテ（ほんとうに）、グラシカ（かわいそうな）話です。

明治十年に、また陳情に行きます。今度は牢屋に入れられたり、ちょうど起こった西南戦争に従軍させられたり、帰りの船が難破したりと、これまた悲惨な目にあってしまいます。

しかしこれで、よけいに南里たちの運動は盛り上がっていきます。

その翌年、時の岩村通俊《いわむらみちとし》県令・今の知事さんですね。県令が、奄美の視察にやってくるや、群衆が港におしかけて岩村さんを取り囲んで、大島商社の解体を訴えたわけです。危険を感じた県令は、その晩のうちに大島から逃げ出しました。

ここになってやっと、県庁もわかってくれます。暴利をむさぼっていた「大島商社」は解体。大島支庁長は更迭《こうてつ》です。

三年にも渡った南里たちの闘いは、ついに勝利をおさめたのです。三年間ですよ。三年。県庁にしてみれば、場所が奄美だけに、「おーしま（大島）った、ナゼ（名瀬）もっと早く住民の声を聞いておかなかったんだろう」ということでしょうか。

奄美に砂糖販売の自由を取り戻したボッケモン・丸田南里は、島民に惜しまれつつ、三十五歳という若さでこの世を去っています。

六月三十日放送

社会に尽くした大富豪　浜崎太平次の巻

今夜ご紹介するボッケモンは、指宿《いぶすき》の豪商・浜崎《はまさき》太平次《たへいじ》です。

浜崎家は、もともとは国分郷の鹿児島神宮の神官の家柄で、のち指宿十二町《じゅうにちょう》の湊村《みなとむら》に移り住んで、代々商業を営みました。

そして、第六代までは商売も順調だったんですが、七代目でガタッと傾いてしまいました。

きょうお話しするのは、次の第八代・浜崎太平次です。

父親の代で、おちぶれてしまいましたから、八代目の太平次のこどものころは、畑のそばに落ちているカライモ（さつまいも）を拾って、飢えをしのいでいたほどでした。

こういう環境が、かえって人間を踏ん張らせるんですね。それに太平次は、根っから商才《しょうさい》に長《た》けていました。以下、詳細《しょうさい》にご説明しましょう。

太平次は十四歳になった時、商船の乗組員になって、琉球に渡ったんですが、ここの珍しい物産で商売をしようと考えます。乏しい給料から「保証金」の名目で〝手付け〟を打っておいて、今度は大阪へ行って、〝出世払い〟で問屋から資金を借りて、再び琉球にとって返し、商品を手に入れました。

これが、十四歳のこどもの考えることですか？　こんな調子で商売は、とんとん拍子で成功していきます。

やがて、造船、貿易、海運などで財をなし、薩摩藩の命を受けて〝幕府にナイショ〟の、大きな声じゃ言えませんが、いわゆる〝密貿易〟で、当時の日本の中でも一、二を争う大富豪となります。

薩摩藩にも〝ン百万両〟、今のお金にすれば、何百億円もの大金をポンと寄付するなど、財政の立て直しにも大きく貢献しました。

ふつうなら、〝ブゲンシャどん（お金持ち）〟は、「ケチで、困っている人のことなど目にもくれん」というのが相場ですが、太平次は違っていたんですね。それが、何度か起こった飢饉《ききん》の時です。湊村の住民が食べ物がないのをみかねて、蔵いっぱいの米を全部の村人に分けてあげたんですね。

「佐助どんがえ（家）は、ケネジュウ（家族全員）五人ごあしたな。ほいなら、五斗持って行っきゃんせ（持ってお行きなさい）」「おおきに、おおきに……」

「善吉どんがえは、七人おいやしたな（いらっしゃいましたね）。一俵持って行っきゃんせ」「太平次さあ、このご恩は忘れもはん」

何百人もの罹災者に、その家族の分だけ米を分けました。太平次は飢饉のたびに米の蔵を開放しました。また、税金を払えない貧しい人に代わって、納めてくれたりもしたそうです。

わたしも、こういう友達が欲しか！

しかし、このような奉仕の精神で財産を減らしたのでしょうか、浜崎家は明治維新以後は、急速に没落してしまいます。

きょうのボッケモンは、困った人を助けた大富豪・浜崎太平次の巻でした。

七月七日放送

後世に残す南島の記録　名越左源太の巻

今夜ご紹介するボッケモンは、名越左源太《なごやさげんた》ちゅう人です。

左源太は、鹿児島城下・下竜尾町《しもたつおちょう》の武士の家に生まれました。剣道、弓道、槍の武術はもちろん、医術、絵画、短歌などにも心得のある、まさに文武両道の、将来ある若武者でした。

しかし、第二十七代藩主・島津斉興《なりおき》の跡目争いである「お由羅《ゆら》騒動」に巻き込まれて、「遠島流罪《えんとうるざい》」の判決を受けてしまいました。

左源太が奄美大島に流されたのは三十一歳の時で、名瀬の小宿村《こしゅくむら》のあばら家を住み家としました。

そりゃー、トゼンナカ（さびしい）ことでしょう。奄美は気候も風土も鹿児島とは全く違います。ここに、ポツンとひとりだけ……。流刑《るけい》の身で思うことは、鹿児島の父親や家族のことです。

「そうだ。父上は奄美のことを何も知っておいやらん（知っておられない）。ここでは、薩摩とは違う自然の中で人々が生活している。それをしっかり記録して父上にお知らせしよう」

絵の心得のある左源太は、奄美の〝何から何でん〟書き留めておこうと決心したのでした。

村の人たちとも、それまで以上に仲良くして、読み書きを教えるかわりに、行事や習わしを聞きました。また、いろんな行事にも自分から進んで参加しました。

『四月の初めに《アヅラネ》という行事がある。これは、ハブが出ないようにと願う祭りである。こどもたちが集まって、赤土を投げ付けて、だれかれかまわずに追い払う。追い払わない時は、その年はハブが多いという……』

『死んだ人があれば、男女を雇い入れて泣くことがある。泣き方の上手な人は、米二升をお礼にもらうが、ヘタな人は一升しかもらえない。また、米の多少を見て、泣くほうも泣きかたを変えるという……』

こんな具合で、左源太の記録は、奄美の自然、気候、地理、歴史、冠婚葬祭、産業など、あらゆる分野に及びました。

これを整理したのが、「南島雑話《なんとうざつわ》」という本です。

これは、ナント、実話です。

現在、鹿児島県立図書館に保存されて〝奄美研究のバイブル〟ともいわれています。

きょうのボッケモンは、流刑という境遇にもめげず、すばらしい記録を後世に残してくれた名越左源太でした。

七月十四日放送

薩摩のナイチンゲール　町田栄子の巻

きょうご紹介するのは、あの西南戦争で「看護婦」の役目を買って出て、敵味方を問わず負傷者の手当をした、まさに〝薩摩のナイチンゲール〟町田《まちだ》栄子《えいこ》です。

栄子は江戸時代末期に、薩摩藩士の三女として生まれました。十九歳で結婚しますが、明治十年に西南戦争が起きると、夫は薩摩軍の兵士として従軍していき、行方はわからなくなっていました。

九月、西南戦争で追い詰められた西郷軍は、城山にたてこもって、最後の戦いをしていました。戦いは日ごとに政府軍に優勢となってきて、西郷軍は負傷者ばかりが増えていきます。

この時、栄子は二十六歳。住まいが、城山の麓の岩崎谷《いわさきだに》にありましたので、朝晩かつぎだされる多くの負傷者を見ていました。

「みんなが、城山でわが薩摩のために戦っておいやっ（おられる）。私もなんとか役に立つ方法はなかもんじゃろか」

栄子は、いても立ってもいられなくなり、砲弾の飛び交う中、城山の負傷兵収容所に飛び込んでいきました。

イヤ〜、ドンドン、パンパン、弾が飛び交う戦場の真っただ中に飛び込むとは、ボッケな女性です。これがほんとの〝ドドンパ娘〟！

弾丸が雨あられと降り注ぐ中、栄子は負傷兵の傷口の手当に飛び回ります。包帯がないので、近所からサラシをもらったり、しまいには、自分のフトンやゆかたをほどいて包帯にしました。

村田新八《むらたしんぱち》がそばに来て言いました。

「町田どん、弾が来っで（来るので）、谷に降りて手当したらどうな（どうですか）？」

「いいや、谷に降りる途中で、どうせやられます。あたい（私）はここで手当を続けます！」

収容所には木を張りめぐらして、これにフトンをかけて弾丸を防ぎました。そして、そこには「病院」の看板を掲げました。

激しかった戦いは、西郷さんの自害で幕を下ろしました。栄子は病院に入り込んできた政府軍の負傷者にも手当を続けました。

栄子は、数年のちに岩崎谷にできた日赤病院の看護婦学校寄宿舎の舎監として余生をささげました。

〝♪火砲《ほづつ》の響き、遠ざかる〜、あとには虫も声たてず〜……〟（『婦人従軍歌』・明治二十七年）と歌われるのは、ずーっと後のことです。栄子は〝白衣《はくい》の天使〟の走りだったわけですね。ボリ（たいへん）、ハクイ（かっこいい）女性が鹿児島においやった（おられた）もんですね。

七月二十一日放送

日本の文化財を守った男　町田久成の巻

今夜のボッケモンは、薩摩藩英国留学生のひとりで、のちに東京帝国博物館の初代館長となった町田《まちだ》久成《ひさなり》をご紹介しもんそ。

久成は今の日置郡松元町の出身で、藩の学校・「開成所《かいせいじょ》」の「大目付《おおめつけ》」という役職にあって、薩摩藩の英国留学生のうち、最高齢の二十八歳でした。ですから、留学生たちの〝学級委員長〟みたいな役割ですね。久成の弟の申四郎《しんしろう》、清次郎《せいじろう》のふたりも一緒に留学しました。

久成たちは、ロンドン大学に入って猛烈に勉強をしますが、その勉学の合間には、大英博物館や、いろんな美術館などに足を運んで西洋の文化を学びました。

しかし、そのうちに藩からの仕送りが届かなくなって、久成は二年後の一八六七年に帰国します。

帰国後、久成は留学経験を買われて、明治新政府の外務担当を務めたあと、文部省が設置されると、文部大丞《もんぶだいじょう》に任命されます。

文化行政を担当する立場にある久成が、一番心をいためていたことは、〝廃仏毀釈《はいぶつきしゃく》〟によって、古くからあった文化財や、美術品がドンドンこわされ、また海外に流出していることでした。

「エゲレスには、〝ブリティッシュ・ミューゼアム〟（大英博物館）やら、〝ゲンジントン・ミューゼアム〟やらがあって、古代からの美術品をズンバイ（たくさん）保存して展示しておいもす。そりゃ、ミゴテ（見事な）もんごあす。日本でも、ネゴッナイ（無くなる）前に貴重な古美術を、早《は》よ（早く）一カ所に集めておく必要があいもす（あります）……」久成は、長い上申書を書いて〝博物館〟の建設を訴えました。

その一方で久成は、私財を投げうって全国を回って、こわされる運命の数多くの美術品を集めました。

そして、ついに明治十五年、東京・上野にりっぱな〝帝国博物館〟、今の〝東京国立博物館〟が開館、久成は初代館長に就任しました。上申書から、博物館建設まで実に九年の歳月がかかっていました。それだけに、すばらしい内容の博物館ができたんですね。

博物館の開館を見届けて、久成はホッとしたのでしょうか、わずか七カ月で館長をほかの人にゆずります。その後、久成は元老院議官《げんろういんぎかん》となり、もうじき貴族院議員になるという明治二十二年、突然全ての役職をやめて、滋賀県・光浄院《こうじょういん》のお坊さんになり、五十九歳で亡くなるまで、仏門ひとすじの道を歩きました。

今、琵琶湖を見下ろす静かな墓地に、生涯の友であったフェノロサ、ビゲロと一緒に眠っています。きょうのボッケモンは、町田久成の巻でした。

七月二十八日放送

薩摩の熱血家老　小松帯刀の巻

きょうご紹介するボッケモンは、薩摩藩の城代家《じょうだいが》老《ろう》で、明治維新の実現に力を尽くした小松帯刀《こまつたてわき》です。

こどもの時から秀才で、藩の重要な役職を次々と任され、わずか二十八歳で家老を命ぜられました。家老職のほかにも、御勝手掛《おかってがかり》＝出納長ですね、琉球掛、蒸気船掛などなど、十以上の役職も兼ねました。

「ご家老、これだけ仕事が多いと、疲れもはんか（疲れませんか）？」

「ハイ！ちょっと過労《かろう》ぎみごあんど」……ンなことを言わずに帯刀は、薩摩藩のためにバリバリ働きます。

長州や土佐との同盟の橋渡し、イギリスへの留学生の派遣、もろもろ……ひとことで言えないくらいの多くの業績がありますが、中でも〝さすが帯刀！〟と言わせる業績が、長く続いた幕府の政治を終わらせた「大政奉還《たいせいほうかん》」の時の活躍でしょう。

慶応三年、薩摩藩は長州と手を結んで、大政奉還、つまり「政権を朝廷に返しなさい」と、幕府に迫ります。

将軍・徳川慶喜《よしのぶ》は、京都・二条城に各藩の藩主や、家老たちを集めました。

「上様に拝謁《はいえつ》して、意見を述べたい者があれば、申し出られよ」

他の藩がもじもじしている中、帯刀が真っ先に名乗り出ます。あとに、土佐の後藤象二郎《ごとうしょうじろう》など数人が続きました。

早速、別室で将軍と対面します。

（帯刀）「日本のために、大政奉還のご決断をされ、一刻も早く朝廷へご奏上《そうじょう》召されるよう、お願い申し上げもす」

（将軍）「うむ、もしこのままなら、戦争は目に見えておる。決心した上は、早速、あすにでも奏上の手続きを取りたい」

この時、幕府の老中・板倉勝静《いたくらかつきよ》が言いました。

(板倉)「あす、朝廷は行事のある日であるから、奏上には差し支えがあるかと思う」

これを聞くと、日ごろ温和な帯刀も声を荒らげて言いました。

(帯刀)「何を言いやしとな（おっしゃる）！　こげん大事な問題に、一刻の猶予もあいもはん（ありません）！」

帯刀の、国を思う気迫に、将軍も決意を固めました。

(将軍)「よくわかった。あす、すぐに奏上しよう」

帯刀の説得が、鎌倉時代から続いた将軍政治に幕を引いたのですが、徳川氏の力はまだ強かったので、後に戊辰《ぼしん》戦争が起こって、徳川氏をたたくことになります。

帯刀は、新政府の総理大臣にもなれる人物でしたが、惜しくも病魔に冒され明治三年、三十六歳の若さで亡くなりました。長生きしやったら、日本の歴史も変わっていたことでしょう。

八月四日放送

西南戦争の勇将　村田新八の巻

今夜のボッケモンは、西南戦争で大隊長を務め、西郷さんとともに城山の露と消えた村田新八《むらたしんぱち》です。新八は明治四年、岩倉具視《いわくらともみ》の欧米使節団の一行に参加して、アメリカやヨーロッパを回り、三年後に帰国します。その手には、パリで買ったアコーディオンのケースがありました。楽譜がなくても弾けるぐらい上手だったそうで、西南戦争にも持っていっています。

〝音楽を愛した〟と聞きますと、軟弱な〝ヤッセンボ（弱虫）〟のように思いがちですが、戊辰戦争《ぼしんせんそう》の時には、からだじゅうに刀きずを負いながらも、勇敢に戦ったそうです。

新八は明治十年、西南戦争が起きると「二番大隊長《にばんだいたいちょう》」となって、数千人の部下を率いて戦いました。

二人の息子も従軍しています。長男の岩熊《いわくま》は十八歳、次男の二蔵《にぞう》は十六歳。岩熊は、「四番大隊」に配属されて、あの激戦地・「田原坂《たばるざか》」で戦っていました。

部隊の副官・市来弥之介《いちきやのすけ》は、特にこの岩熊をかわいがって、

「死なせるには惜《お》しい少年だ」

と、戦いの前線ではなくて、部隊後方の伝令《でんれい》として使っていました。

激しい戦いが続くある日、岩熊が連絡のために、部隊首脳がいる本営《ほんえい》に行くと、そこに父親の新八がいました。その新八は、息子を見るなり怒りました。

「若かくせに、病人にでも務まりそうな仕事を買って出るとは、何事か。戦場に来たら真っ先に奮闘せんといかん！」

岩熊は小隊に引き返すと、刀を抜いて戦いの最前線へと飛び込んでいき、奮闘の末、壮絶な最期をとげたのです。

驚いた弥之介は、本営にかけつけて新八に詫《わ》びました。

「大事な息子さんを死なしてしもうて、申し訳なかことをしもした」

この時、新八はひとこと、弥之介に言いました。

「わしが岩熊に、死に場所を見つけてやったとでごわす」……厳しく、そしてやさしい父親の姿がそこにありました。


♪〃右手《めて》に血刀《ちがたな》、左手《ゆんで》にたずな、馬上《ばじょう》豊かな美少年……〃

この歌・「田原坂」は、岩熊をモデルにした歌です。田原坂では、岩熊のような少年がたくさん死んでいきました。次男の二蔵は、延岡で傷つき政府軍の捕虜となりました。

そして新八は、この年の九月二十四日、城山の決戦で西郷さんとともに壮絶な最期をとげました。

今夜のボッケモンは、西郷さんと運命を共にした村田新八の巻でした。

八月十一日放送

川内川のボッケモン　堀之内良眼坊の巻

みなさんは、堀之内良眼坊《ほりのうちりょうげんぼう》という人を知っちょいやったですか（知っておられましたか）。

良眼坊は、幕末の大口《おおくち》の山伏《やまぶし》で、川内川《せんだいがわ》を船が通れるように開削の工事をした人です。海音寺潮五郎の名作「二本《ふたもと》の銀杏《ぎんなん》」のモデルにもなった、大口を代表するボッケモンです。

江戸時代の大口近辺の農民たちの一番の苦労は、年貢米を薩摩藩の米蔵《こめぐら》のある宮之城まで運ぶことでした。今のような良か道なんどありません。道なき道を、

「殿様に差し上げる米じゃ。汚しちゃいかんどー！」

と、難儀しいしい運んでいたんですね。

これを知った良眼坊は、〝川内川を船が通れるようにして、船で米を運べば農民たちも苦労せんですむ〟と考えました。しかし、ふっとか岩がゴロゴロしている川の開削には、莫大な資金が必要です。

そこで良眼坊は、当時の薩摩藩の家老・調所笑左衛門《ずしょしょうざえもん》を説得して、五千両という大金を引き出し、工事にかかります。

ところが工事が進むうち、川のまんなかに、土地の人が〝ガラッパ（カッパ）どんの御前迎岩《ごぜんけいいわ》〟と呼ぶ、大きな岩が現れました。これには、川内川に住むカッパたちが、この岩の上で結婚式を挙げるという言い伝えがあって、〝これを人間が見ると、熱を出して十日間も寝込んでしまう〟と言われていました。

工事をしていた石工《いしく》たちは〝イシクナシ〟、いや〝イクジナシ〟と言いますか、カッパのたたりを恐れて、

「良眼坊さあ、きっと〝たたり〟があるに、ちがいもさん（まちがいありません）」

と、ビビリまくっています。良眼坊は、

「バカなこつ言《ゆ》やんな。夜中に船が通っときゃ、イッキ（すぐに）、こん岩にぶっかっ

こちゃ（ぶつかることは）知れちょい（わかっている）。ガラッパなんどちゅうバッケモンが、祟《たた》いきるもんな！」

と、大きな岩に飛び乗りました。

そして、岩を火で焼いては削り、火で焼いては削りして何日もかけて、とうとう、この岩を打ち砕いてしまいました。

石工たちは大喜びで、

「良眼坊さあの気性《きしょう》が、ガラッパどんたちに勝った」と、ホムッカギイ、ホメタクリマクリました（ほめまくりました）。

こうして難工事も二年かかって完成、農民たちの苦労もついに解消されたのです。

大口市の「曽木《そぎ》の滝」の近くには顕彰碑が建てられていて、今も〝川内川のボッケモン、良眼坊〟と、土地の人に愛されています。

八月十八日放送

かごしま人が作ったビール　村橋久成の巻

きょうご紹介するボッケモンは、日本のビール製造の道を開いた村橋久成《むらはしひさなり》、その第二弾です。村橋は、薩摩藩英国留学生として渡ったイギリスで、「ビール」という飲み物に出会い、帰国後、日本でのビール製造を決意するようになっていったことは、以前お話ししました。今夜は、いよいよビール工場を札幌に造るまでの苦労話をご紹介しもんそ。

日本に帰った村橋は明治四年、明治政府が北海道を開発するために作った「開拓使」に入ります。その開拓使の本部は東京にあって、村橋は長官の黒田清隆《くろだきよたか》のもとで、ビール工場の建設計画を進めていきますが、そのビール工場は〝東京に造る〟ということが、すでに決まっていました。

しかし、イギリスで西洋の合理的な考えを学んできた村橋は、「工場は北海道の札幌に造るべきだ」と訴えます。新政府の役人たちに「東京は資材が高い。醸造に必要な氷もない。資材が安くて、氷もあって、原料のホップも手に入りやすい北海道ほど、ビール工場に最適なところはごあはん（ありません）」と主張します。

みなさん、〝国が最終決定したことを変えるちゅうことはできん〟ちゅうのは、今も昔も一緒です。ダメと言ったらダメ、文句を言おうものなら「そげん、ジジラ（道理のない無理）を言うな」と、もう子供扱いです。

村橋の案を聞いた役人たちからは、案の定「反対！」の大合唱。

「東京に造ると決まったことは変えられん」

「政府が決めたことに反対するとは、村橋は頭がどうかなったのではないか」

「村橋は即刻クビだー！」

しかし、村橋もスジガネ入りのボッケモンです。一旦こうと決めて、自分が正しいと思ったら、絶対あとに引きません。

「ビールを造るには、これこれこういうわけで、札幌が一番むいちょっとです！」

村橋は、ぶあつーい稟議書《りんぎしょ》を書いて、上層部に提出します。ハッキリ言うて、クビを覚悟の訴えです。

この村橋のがんばりと合理的な考えが、政府のカチンコチンの決定を溶かしていきます。

そしてついに北海道開拓使の上層部は、ビール醸造所《じょうぞうしょ》の建設地を北海道・札幌に変更することを認めます。

とうとう明治九年、村橋の恐ろしいほどの情熱と、政府のエラカ（偉い）人をも恐れぬ勇気が、札幌の地にビール工場を完成させました。

現在、サッポロビールの本社は、東京の代表的なモダンタウン、エビス・ガーデンプレイスにあります。ここにある「サッポロビール記念館」には、開拓使以来のサッポロビールの歴史と業績が展示されて、東京の新しい観光スポットにもなっています。

八月二十五日放送

天才女流歌人　税所敦子の巻

今夜は、明治時代の代表的女流歌人で、「明治の紫式部」とまで言われた税所敦子《さいしょあつこ》さあをご紹介します。

敦子さあは京都の生まれで、京都にあった薩摩藩邸の藩士・税所篤之《さいしょあつゆき》に嫁ぎます。そして、島津斉彬《なりあきら》公のお世継ぎの子守役などを経て、明治八年には宮中にあがり、明治天皇と皇后に大変慕われた一方で、歌人として多くの人に影響を与えました。

幼い時から歌の才能に優れ、六歳の時に「歌の会」で詠《よ》んだ歌が……、

わが家の　軒《のき》にかけたる　くもの巣の
　　糸まで見ゆる　秋の夜の月

「秋の夜の月」と、ちゃーんと季語まで入ってます。これをわずか六つのおなごん子(女の子)が詠んだんですね……天才じゃ！　天才！

敦子さあは、篤之と幸せな結婚生活を送っていましたが、二十八歳の時、夫に先立たれてしまいました。未亡人の敦子さあは、鹿児島で夫の母、つまり姑《しゅうと》に仕《つか》えて暮らすことになりました。

しかし不幸なことに、このお姑さんが〝嫁いびりの達人〟。ヨソモン(よそ者)嫌いの、まこてイミシイ(意地悪い)、〝おにばば〟と言われたほどの人だったんです。

あるとき、こん(この)〝おにばば〟が、いや、姑が敦子さあを呼びました。

「おまんさあ(あなた)は、おなご(女性)に似合わず、読書が好きで、歌も上手じゃそうじゃな。あたいが今、よか題を思いついたから作ってみやんせ(作ってみなさい)。『鬼婆』という題じゃ。世間では、あたいのことをそう言うとるそうじゃが。鬼婆に使われる嫁の難儀を、隠さずに歌に詠んでみやい(詠んでみなさい)」

ま、なんちゅう、イミシカ〝ばば〟でしょうか。「鬼婆」という題で歌を詠めとは……。

敦子さあが困ってしまったとお思いでしょう。ところが、〝さすが(流石)、りゅうせき、ながれいし〟……歌の天才の敦子さあは、愛嬌のよか顔に笑みを浮かべたまま、すぐにサラサラと……。

仏にも　まさる心と知らずして　鬼婆なりと　人の言ふらん

素晴らしいではないですか。つまり、「人は『おにばば』『おにばば』と言うけれど、本当は仏さま以上のやさしい心を持った方なんですよ」という意味です。

これを聞いた〝おにばば〟、いや、お姑さんはヒッタマガって（ビックリして）、それからというもの、敦子さあを自分の娘のようにかわいがり、大事にしたそうです。

今夜は税所敦子の若か時の話をご紹介しました。

九月一日放送

薩摩の名君　島津斉彬の巻

今夜ご紹介するボッケモンは、もう知らない人はいない、薩摩藩第二十八代藩主・島津斉彬《しまずなりあきら》公です。

斉彬公の業績は、数々の科学事業、西洋式軍艦の建造など、それこそ多方面に及びます。「『日の丸』を日本の船の目印にしよう」と言ったのも斉彬公ですし、西郷隆盛や大久保利通に影響を与えて、明治維新の原動力となったのも斉彬公です。

斉彬公は四十三歳で藩主となるや、政治の改革とともに、藩の「富国強兵」策を、どんどん推し進めます。鹿児島市磯《いそ》の集成館には、鉄を溶かす反射炉や溶鉱炉、それに鉄砲、火薬、硫酸などの薬品、そして薩摩切子《きりこ》とよばれるガラスの製造所などが建ち並んでいました。毎日およそ千二百人もの職人たちが働いていたと言いますから、当時としては、わが国で最新、最大の軍事と科学の工場となっていたわけですね。

なかでも、薩摩切子は斉彬公が始めさせたもので、透明なガラスに、きれいな色ガラスを重ねて、その外側を削ることで、あのような見事な器やコップができていくんですね。

この切子の工場には、百人にのぼる職人が勤めていましたが、この中に、四本亀次郎《よつもとかめじろう》という、腕のいい職人がいました。

しかしこの亀さんが、ソツノンゴロ（大酒飲み）で、ヨクロッては（酔っ払っては）街にでかけて、ところかまわずケンカをふっかけたり、乱暴をしたりしていました。

これを見かねて、側近の江夏十郎《こうかじゅうろう》が殿様に申し上げました。

「殿、ガラス職人の四本が大変に酒癖が悪くて、困っておりもす」

斉彬公は笑いながら言いました。

「江夏よ、そんなに心配せんでもよろしい。人はだれにでも、クセというものはあるものじゃ。一芸に秀《ひい》でた者は、またひとつやふたつ、クセがあるものじゃ。四本と申す者、聞くところによるとガラス細工の腕前は、たいしたものじゃ。酒癖が悪いという欠点もあるが、四本の技術は薩摩藩にとって大事なものなんじゃ」

「しかしながら殿、四本の乱暴はあまりに目に余るもので……」

「それは、時間をかけて、よくよく本人に言い聞かせればよかろう。人の上に立つものは欠点ばかりを見ていてはいかんのじゃ。十人が十人、百人が百人、すべての人に好かれるという者はおらん。能力のある人は、必ず一癖あるものじゃ。

今の世の中、幕府の老中をはじめ、役人みなみな姑息《こそく》の人物で、その場その場を取りつくろうことに、きゅうきゅうしておる。実に嘆かわしいものじゃ」

斉彬公の、人間それぞれを愛する気持ち、それに日本の国の将来を嘆いている気持ちがよくわかるエピソードですね。

今夜のボッケモンは、島津斉彬公の巻でした。

九月八日放送

射撃の名人　村田経芳の巻

今夜ご紹介するボッケモンは、日本の旧軍隊の制式銃として採用された「村田銃」の発明者で、〝鉄砲さあ〟と人々に呼ばれた村田経芳《むらたつねよし》です。

村田は幕末、鹿児島城下・二本松馬場通り……今の千日町あたりの武士の家に生まれました。幼い時の名前は勇右衛門《ゆうえもん》。この勇右衛門がまた、小さい時から〝飛び道具〟が好きで、いつも腰に竹鉄砲を二、三挺差して、高見馬場あたりを闊歩《かっぽ》していたといいます。

その竹鉄砲の腕前もたいしたもので、遊び仲間によく自慢していたようです。

「勇右衛門、よかか。投ぐっどー（投げる

ぞー）！」

「よかどー（いいよー）。投げてみやーい」

友達が、銅貨を空に放りますと、勇右衛門はポーン、ポーン……。そりゃもー、百発百中で撃ち落としていたそうです。

この村田に、まさに〝天職〟ともいえる仕事がまわってきました。薩摩藩では、西洋の銃の主流になっていた〝元込《もとご》め式《しき》〟……つまり、〝火薬と弾丸を、引き金のある方の、手前から込める〟という銃の開発をすることになり、村田は「藩営鉄砲館」の〝元込め銃製作主任〟に抜擢されました。

「殿様が鉄砲作りを、おい（俺）にまかしてくいやった。こげん、うれしかこちゃなか」

村田は大張り切りです。ミネヘル銃や、ウイットル銃など、舶来の最新式の銃を藩からあずかり、当時、薩摩藩の小銃射撃場があった〝ガンガラ橋〟近く、今の呉服町付近の海岸ばたでしょうか、来る日も来る日も、銃の発射試験を続けました。

一日に、二百から三百発も撃ちまくるという研究の凝《こ》りようですから、藩から支給される弾丸では足りず、家では奥さんがせっせと弾丸を作っていたそうです。

明治になると、村田は上京して近衛大尉に任命されました。そして、村田の名が一躍世界に知られたのが、明治五年に横浜で開かれた「国際小銃射撃大会」。イギリス、フランス、オランダなど、各国の駐留軍のえり抜きが二百人ほど出場した中で、日本代表の村田は連戦連勝、見事に優勝して、射撃場に日章旗を高々とあげました。

西南戦争のあと、村田は中佐に昇進、国産の小銃の製作にとりかかり、ついに明治十三年に日本人の体格や、操作のクセにあうように工夫された〝村田銃〟が、陸軍の制式銃として採用されることになったのです。当時、世界でも最先端の銃で、外国から注文が来たほどだったそうです。明治二十二年には、また新しい〝村田式連発銃〟を発明、日清戦争でその威力が発揮されました。

今夜のボッケモンは、銃の開発に生涯を捧げた村田経芳でした。

九月十五日放送

西郷さんの介錯をした男　別府晋介の巻

九月二十四日は何の日か、もう鹿児島のみなさんは、おかわり、いや、おわかりでしょう。明治十年の九月二十四日、城山に追い詰められた西郷さんたちが自決、西南戦争が終結した日です。もう百二十年も前のことになります。今夜は、西郷さんと運命を共にした別府晋介《べっぷしんすけ》をご紹介しもんそ。

晋介は、幕末の鹿児島城下・吉野村の生まれで、桐野利秋《きりのとしあき》のいとこにあたります。西郷さんの信頼も篤《あつ》く、西南戦争では連合大隊長となって、真っ先に東京めざして鹿児島をあとにしました。

しかし、戦いは最初から西郷軍に不利、大変な苦戦を強いられます。

〝ワーワー、ドンドン！〟八代での激しい闘いの中、勇敢に闘う晋介ですが、不運にも重傷を負ってしまい、人吉までさがって、傷の手当をしていました。

『別府晋介重傷』という報告を聞いた西郷さんは、わざわざ人吉へと慰問のための人をさしむけました。

「晋介どん。西郷先生が、『おはん（あなた）は薩摩軍のために大事な体じゃっで（体なので）、今は療養に専念してくいやい（ください）』とのことごわした（でした）」

これを聞いた晋介は、男泣きに泣きました。

「西郷先生の一言は、どげん（どんな）良か医者どんにも勝りもす」

どんなにか、西郷さんは晋介を目にかけ、また、晋介はいかに西郷さんを慕っていたかがわかりますね。

そして、とうとう西郷軍は九州山地を敗走、九月には城山に最後の陣を張りました。晋介は、傷の痛みをおして西郷さんに従います。

二十四日早朝、官軍の総攻撃が始まりました。晋介は西郷さんを守って岩崎谷へと向かいます。雨アラレと降る銃弾の中、晋介の足に弾があたり重傷、山かごの世話になります。

しばらく進んだところで、今度は西郷さんの下腹部に敵弾が当たりました。西郷さんは、かたわらの晋介を振り向きました。

「晋どん、もう、ここらでよかろ（このあたりでいいだろう）」

西郷さんは、道端に座ると、東の方角に向かって両手をつき、首をさしのべました。

晋介は山かごを這《は》い出ると、最後の気力を振り絞って西郷さんの後ろに回りました。

「ごめんなったも（お許しください）！」

晋介の手練《しゅれん》の刃《やいば》が光りました。

そして晋介も西郷さんの後を追って、城山の露と消えたのです。

西郷さん享年五十歳、晋介享年三十一歳でした。

今夜は別府晋介の巻でした。

九月二十二日放送

児孫の為に美田を買わず　西郷隆盛の巻

今夜は、あの西郷さん、その第三弾です。西郷さんは、百二十年前の明治十年九月二十四日、激しい闘いの末、城山の露と消えました。

西郷さんは、たくさんのすばらしい人生訓を残しておいやっですが（おられますが）、

児孫《じそん》の為に　美田《びでん》を買わず

というのも、有名な西郷語録のひとつでしょう。この言葉の生まれたいきさつを、きょうはご紹介しましょう……。

ある時、西郷さんのお供をしていた小田伝兵衛《おだでんべえ》と

いう人が、西郷さんの糸子《いとこ》夫人に耳寄りな話を持ってきました。

「川辺《かわなべ》の一等地にあるたんぼが、今売りに出ちょるそうで、だれか買い手がなかか、捜しちょいやっそうごあんど（捜しておられるそうです）」

この話は、とてもいい話だったので糸子夫人は早速、西郷さんに聞いてみました。

西郷さんは、しばらくだまって奥さんの話を聞いていましたが、突然、

「うちで、いっばん（一番）、馬鹿はだい（誰）か？」

「は？　ばか？」

あまりにとっぴな質問に、奥さんは答えようもありません。西郷さんは、さらに、

「どん子が、タマシ（魂）が、はいっちょらんか（入っていないか）？」

奥さんの方は、

「変なことを言うちょいやしな～（言っておられるなぁ）」

と首をかしげるばかりです。

西郷さんは、やがて居住まいを正して、静かに口を開きました。

「自分は今、遊んでいる。けれども何不自由なしに、こんな暮らしができるのは、いったい、だれのご恩だと思っちょっか。みんな人民の頭にかかった税金をもらって、生活

しちょったっど（生活しているんだぞ）。自分の家に馬鹿息子がいれば、あるいはたんぼも買わんな、ならん。魂の入らん子供がおれば、あるいは畠《はたけ》も買っておかんとならんかもしれん。しかし幸いなことには、人並みの子供が生まれているから、そげん（そのような）、よけいな心配をする必要がなか。成長したら、めいめいが、それぞれに自活の道を立てていくじゃろう」

これが、『児孫のために美田を買わず』の精神です。

この言葉どおり、西郷さんの子供たち四男一女は、若くして亡くなった三男をのぞいて、それぞれに大成しました。

現代の人たちにも充分通じる、西郷さんらしい言葉ですね。

九月二十九日放送

元祖・広告宣伝の天才　岩谷松平の巻

今夜は幕末、今の川内市隈之城《くまのじょう》に生まれた岩谷松平《いわやまつへい》という人をご紹介しもんそ。

松平は、西南戦争で家が焼けてしまい、一念発起して上京します。そして、銀座に百坪あまりの土地を買って商売を始めます。

そりゃー今でこそ、〝銀座〟というと、ティファニーはある、おっきいデパートはある、KTSの東京支社はあると、日本でも土地の高いところで有名ですが、明治の初めは、そんなに人気のあるところではなかったようです。

松平は、ここで何の商売を始めたかと言いますと、鹿児島産の葉タバコを使った〝紙巻きタバコ〟

を売ったわけです。

松平は、上京してすぐに横浜の港に出かけた時、外国の船員が珍しいタバコを吸っているのを見つけました。

「そうだ！　これだ！」

松平は叫びました。

「あのタバコの商売をすれば、もうかっど。刻みタバコはキセルを持ち歩かんといかんし、詰め替えもめんどくさか。あの船員が吸っちょった、紙で巻いたタバコは、いけん（どんなに）便利ね」

松平は銀座の店で、「天狗《てんぐ》タバコ」という名前で紙巻きタバコの販売を始めました。売り出したタバコの種類も十数種類……商品名は「岩谷天狗」に、「赤天狗」、「大天狗」に「恩賜《おんし》天狗」と、すべてに「天狗」の名前をつけて、国産品であることをアピールします。

中には、二十本で三銭の「輸入退治天狗」というタバコまで売り出します。そういうだけあって、舶来の半値ですから、売れに売れたようです。売れたのは、安かったばかりではありません。松平独特の宣伝のやりかたにありました。

まず、銀座の店をすべて、真っ赤に塗りました。〝まっかなウソ〟ちゅうのには、私も何度かあったことはありますが、〝まっかなミセ〟ちゅうのは見たことは、なかですねー。

そして店の表には、「世界煙草《タバコ》大王・岩谷商店」、「驚くなかれ！　煙草税金たったの三百万円」と、どでかい看板。二階のまんなかには、またふっとか鼻を突き出した「天狗のお面」を飾る……と、そりゃもー、人の度肝《どぎも》を抜くハデハデしさです。わざわざ、遠くから看板を見に来る人もいるほどじゃったそうです。

実際に「税金三百万円」、今のお金にして、およそ六百億円を納めたほどの儲かりようだったようです。こらまた、ケタちがいのボッケモンです。

十月六日放送

軍隊は麦飯を食え！　高木兼寛の巻

みなさんは、《脚気《かっけ》》という病気を知っちょいやってすか（知っておられますか）。ビタミンB1不足による栄養失調ですね。今はほとんど聞きませんが、明治時代は《死に至る病》として、ワッザイカ（ものすごく）おそろしか病気だったんです。

今夜は、この脚気の撲滅に一生を捧げた〝ボッケモン医者〟・高木兼寛《たかきかねひろ》をご紹介しもんそ。

高木は一八四九年（嘉永二年）、薩摩藩むかさ村、今の宮崎県高岡町に生まれます。二十六歳で英国留学を果たし、五年間イギリス医学を学びます。イギリス人に混じって、一番で卒業したといいますから、ドゲン（どんなにか）、ビンタ（頭）が良かったか、わかりますね。帰国した高木は、海軍の軍医となります。

その当時、海軍も陸軍も《脚気》で死ぬ兵隊が多く、軍隊の悩みのタネとなっていました。高木は、〝これは、食事に問題があるのではないか？　コメを食べるのが原因ではないか？〟と結論づけ、海軍の食事を「コメ一辺倒」の〝日本食〟から、〝西洋食〟に変えてみようとします。

しかし当時の日本の医学界は、〝病気の原因は細菌に違いない〟と、「脚気菌」の発見に全力を尽くしている最中で、高木の《コメ犯人説》は否定されます。

「日本の伝統的栄養食、コメを否定するとは、高木の西洋カブレにも、ほどがある」

「日の丸弁当が一番じゃ」

「『コメんメシを腹一杯食える』ちゅうから軍隊に入ったとに、パンなんどじゃ力が出らん」

「高木は軍事費のほとんどを、西洋食で無駄遣いすっつもいいか」

……まさに、四面楚歌です。

しかし、高木はめげません。大蔵省のえらい人に、

「兵隊が、戦場で戦う前に、脚気などで死んなんど、こげん馬鹿なことはございもは

ん。確かに、西洋食にすれば、兵隊の食費は二倍近くにないもすが、脚気で兵隊を減らし、日本を危うくするよりは、ましじゃごあはんか」

高木の懸命な説得と正確なデータで、海軍は兵隊食をコメ一辺倒から、パンや麦を取り入れた食事に変えました。すると、どうでしょう。海軍から、日本軍隊の悩みの種であった《脚気》がウソのように消えてしまったのです。

しかし、米飯食を続けた陸軍は、日清戦争などで戦死者九七七人に対して、実に四倍の三、九四四人が脚気などで死んだと記録に残っています。

《脚気》を海軍から撲滅した高木兼寛は、その後、慈恵医大の初代校長となり、国から「男爵」の称号を与えられ、七十二歳で生涯を閉じています。

今夜は、ボッケモン医者・高木兼寛を紹介しました。

十月十三日放送

孤独の水路開削工事　清左衛門の巻

きょうご紹介するボッケモンは、江戸時代中期の薩摩町の農家・清左衛門《せいざえもん》という人です。

清左衛門は、田のあぜに腰を下ろして考えこんでいました。

「川のあっち側は、あげん（あんなに）米がよくでくっとに（できるのに）、おいどんげえ（俺の家）のたんぼは、まったくダメじゃ」

水が引けない清左衛門のたんぼは、このところの日照りでイネは枯れ、地割れがいっぱいできていました。

「川には、あげん（あんなに）ずんばい（たくさん）水が流れちょっとになー。あの岩山さえなければ、水を引っが（引くことが）でくったっどん」

方法はひとつしかありません。岩山をくりぬいて、水を引くトンネルを作ることです。

清左衛門は、村人たちにも水を引くことを呼びかけましたが、自分の仕事で精一杯の村人たちは、だーれも協力しようち（協力しようと）しません。

清左衛門と岩との、孤独の闘いが始まりました。ノミに力いっぱいツチを打ち付けて、岩を掘っていきます。雨の日も雪の日も、朝早くから夜遅くまでカッチン、カッチン……。

村人たちは、

「ほんのこて（本当に）岩を掘っつもいじゃっち。清左衛門は気が狂ったとじゃなかろかい」

と、冷たく笑うばかりです。

こんなとき清左衛門を励ますのは、妻の妙《たえ》の言葉でした。

「ひとふりのツチで、ひとつぶのコメが、でくっとじゃんど！」

掘り始めて四年目のある日、ポッカリと穴があいて、まぶしい光が飛び込んできました。夫婦は汚れた手を取りあって、流れる涙をとめることはできませんでした。しかし、岩山はあと二つあります。清左衛門は、再びツチを握りしめるのでした。

こうして十年後、ついに水路は完成しました。長さが実に一キロ。トンネルはあわせて九十メートルです。水が生き物のように、たんぼに流れ込んでいきます。

夫婦であぜに腰をおろしているところに、となりのたんぼの村人が来て、うらやましそうに言いました。

「清左衛門どん。よう、きばいやしたなあ（がんばりましたね）。おいどんも水があれば、よかたんぼがでくっどん（できるんだけど）……」

清左衛門は、やさしく言いました。

「水は、天地が恵んでくれたもんじゃ。ひとりのもんじゃなか。こん（この）水を引っきゃんせ（お引きなさい）」

今も、清左衛門夫婦の墓は水路のそばに建ち、青々と育つたんぼを見守っています。

十月二十日放送

温州ミカンを鹿児島に　町田一平の巻

今夜は、温州《うんしゅう》ミカンを鹿児島に広めた町田一平《まちだいっぺい》ちゅう人をご紹介しもんそ。

この温州ミカンは、日本では三百年ばっかい（ばかり）前に、鹿児島で初めて発見されたそうで、外国では、その名も「サツマ」ちゅうそうですよ。これは、ほんのこっ（本当）です。勉強になりますね。

一平は、明治三年に垂水に生まれました。東京農科大学、今の東大・農学部ですね。この在学中に紀州や静岡にたびたび旅行しては、ミカンの栽培の状況を見てまわりました。そして、

「日本で温州ミカンが初めてなったとは、出水の長

島じゃっちいうのに、なんごて（なぜ）鹿児島では栽培しちょらんのかねぇ」

と、はがゆい思いがつのっていきます。

というのは、当時、鹿児島で奨励されていたミカンは、「金九年母《きんくねんぼ》」……おもしろい名前ですね……この品種ばっかりが植えられていたんですね。

一平は、大学の卒業と同時に鹿児島に帰って、温州ミカンの苗木を取り寄せて、農家に積極的に奨励します。

しかし案の定、まわりからは大反対の嵐です。県知事やら農業団体のお偉方までみんなが、

「ちょっち（ちょっと）、マチダ（町田）さい。いや待ちなさい。鹿児島ん土地には、こん（この）〝金九年母〟が、いっばん（一番）向いちょっとじゃんど。そげん（そのような）、カボンスかウンシュか、わけんわからんミカンを植えたち、売るっもんな（売れませんよ）！」

これに一平は、堂々と反論します。

「あたい（私）は、紀州やら静岡やらのミカン栽培の進んだ土地を、ズルッ（全部）見て来もした。そして、大学で栽培技術をしっかり研究してきもした。これから消費者に

喜ばれるのは〝温州ミカン〟以外には、ごあはん（ありません）！」

一平は明治三十一年には、今の鹿児島市坂元町に、五ヘクタールの土地を買って二千本のミカンを植えて、〝瀬戸口芳果園《ほうかえん》〟と名付けました。これが、鹿児島県内で最も古い〝温州ミカン園〟です。

一平の薦めた〝温州ミカン〟は、皮が簡単にむけて、汁が多く、味の方も適度な酸味があっておいしいと、急速に県全体に広まっていきました。〝金九年母〟の方はというと、現在ではほとんど栽培されていません。

その後一平は、垂水汽船（今の南海郵船）を創設して、大隅の開発に情熱を注ぎました。

十月二十七日放送

わが国幼稚園の創始者　古市静子の巻

今夜ご紹介するのは、日本で初めての私立幼稚園を造って、こどもたちの教育に生涯を捧げた古市静子《ふるいちしずこ》です。

静子は、種子島の士族・古市庄兵衛《ふるいちしょうべえ》の長女として、一八四七年（弘化四年）に西之表に生まれました。

こどものころから勉強が好きなオナゴン子で、弟たちと一緒に漢学の塾に通って、〝四書五経《ししょごきょう》〟を読んでいたといいます。

そして、二十一歳の時、ナント、鹿児島へ家出をしようとして父親に見つかり、謹慎を言い渡されます。その家出の理由が、『鹿児島に出て、もっと勉強がしたかった……』。あ〜、うちの娘に聞かせてやりたか〜。むかし、こげん（こんなに）ボッケな女性が、おいやったんですねぇ〜（おられたんですね）。タマガリます（驚きます）。

その静子がついに、鹿児島で暮らせる日がやってきます。眼の病気を患《わずら》った静子は、父親に連れられて長崎で治療したあと、鹿児島にやってきます。そして、廃刀論に敗れてちょうど鹿児島に帰っていた森有礼《もりありのり》が開いていた塾に入ります。

後の初代文部大臣・森有礼の塾では、女性にも門戸《もんこ》を開いていたんですね。たいしたもんです……。静子と森は同じ年の、二十三歳。

「静さん、これからはオナゴも勉強せにゃ、いけもはんど（いけませんよ）」

森は薩摩藩の英国留学生として、外国の女性たちの、社会での活躍を実際に見てきていたのでした。

「西洋人は、婦人を大事にすっどん、日本人は軽視しちょる。私は間もなく渡米することになるじゃろうが、静どんも東京に出てきなさい」

静子の森への敬慕の念は、やがて強い恋心に変わっていったようです。そしてとうとう、森を慕って東京へと上りますが、その森は十九歳の娘と結婚、静子の恋心は打ち砕かれてしまいます。

　恋を捨てた静子は明治十九年、三十九歳の時、東京で〝駒込《こまごめ》幼稚園〟を創設します。これが、日本で初めての私立幼稚園なんですね。最初の園児は、男女四人ずつだったそうです。しかし、当時の人々は幼児教育に理解を示しませんでした。

「こどもは、ひとりで遊ばせちょればよか。こげん（こんな）ところに月謝ば払って入れる必要はなか」

　女手ひとつの幼稚園経営は、そりゃー大変だったようです。それでも多くの借金を抱えながらも、幼児教育の信念を貫きました。静子が造った幼稚園は、今も「うさぎ幼稚園」として東京に残っています。

　今夜は、波乱の人生の中で、幼稚園教育に半生を捧げた古市静子をご紹介しました。

十一月三日放送

近代デパート鹿児島に建つ　岩元信兵衛の巻

今夜ご紹介する〝さつまのボッケモン〟は、鹿児島で最初の、民間から出た衆議院議員であり、大正五年には西日本で最大といわれたデパート・「山形屋《やまかたや》」を建設した岩元信兵衛《いわもとしんべえ》どんです。

先祖は、源衛門《げんえもん》という呉服商人で、遠く山形から今の鹿児島市・金生町《きんせいちょう》に移り住んで〝山形屋〟という屋号で商売をしていました。

信兵衛は、この山形屋の五代目にあたります。こどもの頃から洞察力がするどく、信念も強かったそうで、明治十九年、二十四歳の時に、奄美の砂糖を一手に扱う「南島興産商社」を設立して、その名は全国の実業界にとどろきます。

その実力と人柄を買われたんでしょう。明治三十五年には、それまで城下士族の独壇場となっていた衆議院議員に、民間人として初めて当選、以後明治三十七年まで三回、議員に当選しました。

この信兵衛の望みは、〝山形屋呉服店〟を、近代的な〝百貨店〟にと育てることでした。時あたかも、ヨーロッパがくすぶって、第一次世界大戦が勃発寸前です。信兵衛の友人たちは口をそろえて言いました。

「信兵衛どん、大金をかけて、そげん（そのような）デパートちゅうもんを作っよりか、船を造いやい（造りなさい）。ヨーロッパの戦争で、よほど儲かいもんど」

しかし、信兵衛の信念は変わりません。

「船にカネをかけたほうが、儲かっことは知っちょいもす。じゃっどん（けれども）あたいは、鹿児島の社会のためになる『デパート』のほうに投資しもす」と、きっぱり言ってのけました。

そしてついに大正五年十月、信兵衛の夢が実現します。地下一階、地上四階、ルネッサンス式の西日本最大の近代式デパートが完成したのです。鹿児島では、もちろん初めての鉄骨鉄筋コンクリート造りのビルディングで、当時のお金でおよそ四十八万円、今の金額にして五億円以上という建築費で、すべて自己資本でまかないました。

初めて見る高層ビルに、ヒッタマガッタ（ビックリした）市民たちのほほえましい様子が資料に残っています……。

大理石張りの玄関に入ると、下足番《げそくばん》にゲタをあずけます。帰る時に、「どしこな（いくらですか）」と、金を払おうとした人もいたようです。

はだしの人も多かったようで、玄関にはタライが置いてあって、足を洗って店に入ったそうです。

初めて乗ったエレベーターでも、「どしこな」とお金を払おうとした人もあったようです。おもしろいですね。〝山形屋呉服店〟が、個人商店から脱皮した時でもありました。

今夜のボッケモンは岩元信兵衛の巻でした。

十一月十日放送

講道館の名物男　徳三宝の巻

今夜ご紹介するのは、徳之島出身の柔道家・徳三宝《とくさんぽう》です。変わった名前ですね。それに、柔道がとても強そうです。実際、身長が百七十六センチ、体重が九十四キロ。今ではそんなに驚くほどではありませんが、大正のころは、そりゃ～大きく、強かったんです。

三宝は明治二十年、徳之島の天城町《あまぎちょう》に生まれました。こどものころは無口で、おとなしい方だったようですが、小学校を出たあとは鹿児島に出て、一中の分校（今の甲南高校）に通います。中学校では、はじめ剣道部に入りましたが、腕はメキメキ上達し、校内でかなう者がいなくなったので、やむを得ず今度は柔道部に入りました。これもまたすぐに相手がいなくなり、全九州中等学校柔道大会で、あっさり優勝してしまいました。

七高生相手にも勝ってしまうので、その実力を見抜いた七高の柔道師範が、東京へ出て講道館に入るように薦めました。徳之島の両親を説得して上京、柔道家としての修行が始まりました。

講道館での三宝は、〝稽古の鬼〟と呼ばれました。朝五時に起き、道場の掃除、水汲み、そして昼は四〜五十本もの稽古の毎日です。翌年には、すぐに初段を授けられて、異例の早さで昇進していきました。

しかし、明治四十三年のある日曜日のこと、事件といいますか、ハプニングといいますか、三宝が講道館を破門されてしまうという事件が起きてしまいます。

風邪をひいて寝込んでいた時、道場の若い人が三宝のところへ駆け込んできました。

「徳さん、表に南米ブラジルの東洋艦隊の水兵が十五人ばかり、柔道の試合をしたいと言ってきました」

水兵たちは、「日曜日ナラ、ツヨカ（強い）〝ジュードーマン〟ハ、イナイダロー」と、たかをくくってきたんですね。みんな、ふっとかやつばっかいです。

ところがドッコイ、水兵たちは次から次に三宝に投げ飛ばされます。中にはボクシングでかかってくるやつもいて、とうとう最後はケンカみたいになってしまいました。ブラジル側にケガ人がでてしまったことから、ブラジル政府が抗議、外務省や文部省でも問題となって、ついに三宝は講道館への〝出入り禁止〟。これを『徳の破門事件』と言って、当時の評判になりました。

三宝が破門を解かれるのは、それから五年後の大正四年のことで、再び講道館で〝四天王〟のひとりとして活躍しました。

その三宝は、昭和二十年三月の東京大空襲で五十九歳の人生を閉じました。

今夜は柔道界のボッケモン・徳三宝をご紹介しました。

十一月十七日放送

「軍艦マーチ」の父　瀬戸口藤吉の巻

みなさんは「軍艦マーチ」をご存じですよね。まっこて勇壮な、世界的にも有名な名曲中の名曲です。若い人の中には、「これはパチンコ屋のテーマソングだ」と思っている方も多かようですが、この曲を作曲したのが、鹿児島県出身の瀬戸口藤吉《せとぐちとうきち》なんです。

　藤吉は明治元年、今の鹿児島市小川町に生まれ、垂水市に育ちました。十三歳の時、叔父の大山軍八《おおやまぐんぱち》の養子となって、神奈川の横須賀に移り住み、十五歳で海軍軍楽隊に入りました。ここで、ピアノやクラリネットの練習に明け暮れたんですね。

　熱心に音楽に打ち込む藤吉は、その才能を認められて、作曲を頼まれるほどになりましたが、いい曲はそうすぐには浮かんできません。悩んでいたある日、横須賀に滞在していた呉《くれ》軍楽隊長の田中穂積《たなかほずみ》が藤吉を呼びました。

（田中）「藤吉君、日本が自分の力で作った軍艦もできた。軍楽隊も立派に完成しつつある。しかし、日本生まれの行進曲がない。いつまでも外国の行進曲を演奏していたんじゃ、軍楽隊の面目が立たん」

（藤吉）「はい、そのとおりだと思いもす」

（田中）「そこで、君にしかやれん仕事を頼みたい。この詩に曲をつけてくれ」

藤吉は、渡された詩を読んでみます。

（藤吉）「『守るも、攻むるも、鋼鉄《くろがね》の、浮かべる城ぞ、頼みなる……』しっかりした歌詞ですね。力強い音を感じます。わたしに、やらしてくいやんせ（ください）」

それからというもの、練習室にこもっての作曲が始まりました。五線譜に書いてはピアノで弾き、破り捨てては、また五線譜に書き込みます。悶々《もんもん》と悩むうちに、半年がたちました。

ちょうどその日、臨月を迎えていた妻が女の子を出産したという知らせが入りました。藤吉はゲタをはいて、妻の実家へと向かいます。ゲタの〝カッツ、カッツ〟という音を聞いているうちに、藤吉にメロディーが浮かんできました。

「こいじゃ（これだ）！」

藤吉はとって返し、五線譜に一気にあのメロディーを書き上げました。長女と同じ日に、「軍艦マーチ」も誕生したのです。

こうして翌年の明治三十年、初めておおやけの場所で「軍艦マーチ」が披露され、拍手喝采を浴びました。今でも、世界各国で演奏される有名な行進曲です。

今夜は瀬戸口藤吉をご紹介しました。

十一月二十四日放送

日本造船業界の先駆け　川崎正蔵の巻

今夜ご紹介するボッケモンは、明治時代に兵庫に民間で初めての「川崎造船所」を造って、日本の造船業界の先駆者となった川崎正蔵《かわさきしょうぞう》です。

正蔵は一八三七年（天保八年）に、今の鹿児島市大黒町《だいこくちょう》の〝こまもの商〟・利右衛門《りえもん》の長男として生まれました。

父親の商売の方は、あまりうまくいっていませんでしたが、教育熱心な父親は、貧しいながらも正蔵に国学や和歌、俳句などを学ばせていました。

その師匠の住まいは、武之橋《たけのはし》のそばと、山之口町です。大黒町から通うには、城下士がズンバイ（たくさん）住んでいる小路《すじ》を通らんとなりません。

その当時、「国学や和歌は武士の心得」と決まっていました。〝こもの屋〟の息子が習うという例など、なかったんですね。〝こもの屋の息子〟だけに、よく道中では侍のこどもたちから〝コマゴッ（こごと）〟を言われて、いじめられたようです。

正蔵が、本を入れたフロシキ包みを持って通りかかると、ワンパクどもが取り囲みます。

「ワイ（おまえ）は、町人の分際で学問すっとは、ナマイキじゃ」

「そん（その）、歩っかた（歩き方）が気にくわん」

「ちゃんと、オイ（俺）たちに、ビンタ（頭）を下げて通らんか」

いやはや、ナンクセもいいところ。大人なら〝ヤマイモを掘りたくりまくる（酒酔いして管《くだ》を巻く）〟状態です。毎日毎日、正蔵はこうしてボコボコにウッタクラレル（打たれる）んですが、一日も通学を休まんかったそうです。

その正蔵は、十五歳のころから家計を助けるために、指宿の豪商・浜崎太平次《はまさきたへいじ》が経営していた商店の店員として働きます。鹿児島と長崎の店で働くうちに、海運、貿易、造船の知識と経験を重ねていくわけですね。

明治になって、日本でも西洋型の木造船が使われるようになりました。

明治二年九月、正蔵は大阪から鹿児島に船で向かっていましたが、土佐沖で暴風にあい、船は遭難しかかります。この時の船が「西洋型」だったために沈没を免れ、種子島に漂着して命びろいしました。

「これからは、船底が広くて、波にも強い、そして何より船のあやつりかたの簡単な西洋式の船の時代じゃ」と、造船への意欲が高まっていくのでした。

こうして明治十九年、兵庫県に民間で初めての「川崎造船所」を建設したのです。

こどもの時の辛抱強さ、西洋の船の将来性を見越す観察のするどさが、「日本の造船業界のパイオニア」を育てたわけですね。

遊びっぷりも豪快！　日露戦争の時の軍艦・「赤城《あかぎ》」を自家用の船に改造して、世界中を旅行したというボッケモンです。

今夜は川崎正蔵の巻でした。

十二月一日放送

悲劇の外務大臣　東郷茂徳の巻

みなさん、十二月八日は何の日か、ごぞんじですね。

『臨時ニュースを申し上げます。帝国陸・海軍は、本八日《ほんようか》未明、西太平洋において、米・英軍と戦闘状態に入《い》れり……』

昭和十六年十二月八日、日本軍はハワイの真珠湾を攻撃、あの太平洋戦争が始まりました。

その時の外務大臣、そして、昭和二十年の終戦の時の外務大臣を務めたのが、鹿児島出身の東郷茂徳《とうごうしげのり》です。

茂徳は明治十五年、薩摩焼きの里・苗代川《なえしろがわ》、今の東市来町・美山《みやま》に生まれました。七高造士館を首席で卒業、東京帝国大学でドイツ語を専攻して外務省に入り、ドイツ大使など多くの要職を務めました。

そして昭和十六年、東条英機《とうじょうひでき》内閣が成立すると、暗礁に乗り上げていた日米交渉を打開するために、外務大臣に招かれました。

しかし、両国の関係は、最悪の状態に陥っていました。就任一カ月目の十一月二十六日には、「日本は、中国や東南アジアの一切の兵力を撤収すべし」という内容の、いわゆる〝ハル・ノート〟がつきつけられました。日本はこれで開戦を決意するわけです。「戦争ともなれば負ける」とわかっていた東郷でしたが、その万策も尽きて、日本は敗戦への道をたどっていったのです……。

やがて戦局が不利となった昭和二十年四月、鈴木貫太郎《すずきかんたろう》内閣が成立すると、終戦工作のために、東郷は再び外務大臣に指名されました。

この東郷が、命をかけて日本の滅亡を防いだのは、長崎に原爆が落とされ、ソ連が満州（中国・東北部）に侵攻し、ポツダム宣言を受諾するかどうかをめぐる御前《ごぜん》会議でのことです。

東郷は、

「戦争を継続して、勝つという確信がない以上、天皇の地位を変更することがないという点のみを確認して、ポツダム宣言を承諾、戦争を終結すべきです」

と強く訴えます。

これに対して、阿南《あなみ》陸軍大臣が真っ向から、反対を唱えます。

「本土決戦は、もちろん必勝とは言えないが、万一の場合には、一億玉砕《ぎょくさい》して、日本民族の名を歴史にとどめることこそ、本懐《ほんかい》である」

戦争終結と続行の大激論の結果は、三対三で対立。最終結論を昭和天皇に仰ぐことになりました。

その最初のお言葉は、

「わたしの意見は、外務大臣の申していることと同じである」

でした。東郷の懸命の説得が、戦争のさらなる犠牲から救ったのです。しかし、東京裁判ではA級戦犯として、禁固二十年の判決を受け、その服役中に病死しました。まさに、悲劇の外務大臣でした。

十二月八日放送

大久保さんにはかなわない　の巻

きょうのボッケモンは大久保利通《おおくぼとしみち》どんです。こどもの頃、とても〝いたずら好き〟だったことは、前にお話ししましたが、これも大久保どんの、こどもの頃の話です。

ある時、正助《しょうすけ》どん（大久保どんのこども時代の呼び名ですが…）は、父親の次右衛門《じうえもん》に連れられて、桜島の古里《ふるさと》温泉にでかけました。

ほんのこて（本当に）、温泉の好きな親子ですね。前のお話も、入来《いりき》の温泉で入浴客にイタズラする話でしたが……それも、胃がちょっと弱かった息子のことを思ってのことでしょう。

大久保どんの親子が泊まった温泉宿で、夕ごはんになりました。宿の亭主が薩摩汁を持ってきました。普通なら、お客に、しかも武家ですから、亭主が汁を給仕するのがあたりまえです。ところが、正助どんは言いました。

「ご亭主、あたい（私）が給仕をしもんそ（やりましょう）」

正助どんは、汁を父親に注ぎ、亭主にも給仕しようとしています。これには、亭主もヒッタマガッテ（びっくりして）しまいました。たとえ、十二・三歳のこどもであろうと、島津七十七万石の城下士《じょうかし》・大久保家のご嫡男《ちゃくなん》です。宿の亭主は、すっかり恐縮して、

「これは、これは、若旦那さまのお給仕とは、もったいなかことでございもす。名誉なことですから、何杯でも、おかわりすることにいたしもそ（いたしましょう）」

と、つい、ヨイショしてしまいました。

宿の亭主が一杯目を食べ終わると、正助どんは、すぐにお椀に汁を注いでやります。それが三杯目、四杯目、五杯目となってきましたので、宿の亭主は困ってしまいました。

「若旦那さま、も、もう食べられもはん。お許しを」

これを聞いて、正助どんは「まだ、まだ」という顔で言いました。

「亭主は、何杯でもおかわりすると言うたじゃごあはんか。遠慮をしやんな（しなさんな）」

下級武士に生まれながらも、明治新政府の第一級の政治家にまでなった大久保どんです。「ゴーイン（強引）マイウエイ」とでも言いますか……「我が田、引き水。我田引水《がでんいんすい》」と言いますか……こどもの頃から、おとなに対してでも、その言葉じりをしっかりつかんで実行させるという、気の強さがあったというお話でした。

このあと親子は、桜島の頂上へ登ったんですが、正助どん、まわりがとめるのも聞かず、〝神の山〟と恐れられていた火口に、石を投げ込んだといいます。ワレコッボ（いたずら者）といいますか、ほんのこてボッケモンですよね。

十二月十五日放送

カツオ遠洋漁業の開拓者　原耕の巻

今夜ご紹介する〝さつまのボッケモン〟は、坊津《ぼうのつ》出身の医者であり、衆議院議員であり、カツオの遠洋漁業の道を切り開いた、原耕《はらこう》です。ハラ（腹）をカコウ（掻こう）ではありません。プンプン怒る〝ハラカコウ〟でもありません。ハラ・コウです。

原耕は明治九年、坊津の網元の家に生まれました。今の大阪大学医学部である大阪高等医学校を卒業後、外国航路に乗り組む医者を経験したあと、明治三十七年に枕崎市に病院を開きました。

その技術もたいしたもので、外科手術で原耕がメスを執る日には、鹿児島市の名だたるお医者さんたちも見学にやってくるほどだったそうです。そして、貧しい患者からは、決して薬代を取らなかったといいます。

そんな折りの明治三十八年、宇治群島に出漁していた十一隻の漁船が暴風に遭い、二四六人もの死者が出る海難事故が起こりました。この遭難した船の中に、網元である父親の船も含まれていて、三十人の乗組員は、全員が帰らぬ人となりました。

それに追い打ちをかけるように、その翌年にもまた、父親の船が沈没、九人が死亡しました。これで、原家は一気に経営が破綻《はたん》してしまいました。

そして、働き手を失った遺族は、カツオブシの行商に出て、その生活費を稼いでいるのでした。これを見た原は、遺族の生活をなんとか楽にさせてやろうと、海に出ることを決意します。病院は、女医である妻の千代子にまかせ、安全で、より収益の高い〝新しい漁業〟を始めようと試みます。

原は考えます。

「今からは、手で船を漕ぐ時代じゃなか。石油を焚《た》いて走る〝動力船〟の時代じゃ。それに、嵐にも負けんフットカ（大きな）船を造って、新しか漁場も見つけることじゃ」

大正十四年、枕崎造船所で九十一トンという、大型船が完成しました。当時、大型船といっても六十トンどまりでした。まわりの網元たちは、声をそろえて言いました。

「あげな（あんな）フットカ船どん造ったち、ソロバンが合うもんな！」みんな冷ややかに笑うばかりです。

おまけに、ふつうは船主は船には乗りませんが、原は自分から乗り組み、次第に南方の漁場を開発していきました。当時のカツオ船は、年間十五・六万円の水揚げがあればいいほうでしたが、原の船は、一週間の一航海で一万円の記録を作ってしまったのです。

原は、衆議院議員にも当選して、『政治の海』でも活躍したほか、優秀なカツオ漁場を、赤道を越したアンボン島付近に発見して、枕崎の基幹産業としてのカツオ漁業の基礎を切り開きました。その原は、三回目の航海で、南洋でマラリアに冒され客死しました。

カツオの町・枕崎には、原の功績をしのんで、その胸像が建てられています。

十二月二十二日放送

初代ミス・ニッポン　末弘ヒロ子の巻

今夜ご紹介するのは女性です。それもベリシャン（とても）、〝ヨカオゴ（きれいな女性）〟だったという末弘《すえひろ》ヒロ子です。初代の「ミス・ニッポン」＝〝日本一の美女〟と折り紙をつけられたのが、さつまおごじょ・末弘ヒロ子だったんです。

時は明治四十年。九月四日の鹿児島新聞に、こんな記事が載りました。

「このたび、アメリカのシカゴ・トリビューンという新聞社から、『こちらには、絶世の美女がおいもす（おります）。日本にも美人がおいやれば（いらっしゃれば）、速やかに名乗り出やはんか』ちゅう話があって、我が国はこれを受けて立つことにしもした（しました）」

……もちろん、鹿児島弁では書いてありませんが、日本中から美人を募集します……ちゅうことなんですね。全国で一等になれば、時価二百円の「ダイヤモンド入り純金の指輪」をあげます……てなことも書いてあります。

まだ明治の時代のことです。この呼びかけに、鹿児島では〝女性の容貌を競うのはいかがなものか〟ということでしょうか、応募したのは、わずか三人。鹿児島代表は、川内の藤田喜佐子《ふじたきさこ》（二十一歳）が選ばれました。さすがに、ヨカオゴやったようですよ。

全国では、ナント、七千人を超す応募があって、審査は今と違って、すべて写真なんですが、一等には、福岡・小倉市の末弘ヒロ子（十六歳）が選ばれました。

ヒロ子の父親が鹿児島の川内の出身で、小倉市長の末弘直方《すえひろなおかた》です。もともと、〝さつまおごじょ〟なんですね。

実は、写真は義理の兄が、本人の知らない間に出していて、それが一等になってしまったんですね。世界でもナント、六位入賞です。

「〝日本一の美人〟は、〝さつまおごじょ〟じゃー！」日本中の話題になりました。家族も大喜びです。

しかし、これに渋い顔をする人もいました。学習院・院長の乃木希典《のぎまれすけ》です。ヒロ子は学習院・中等部の三年生に在学中だったんですね。

「わが校では、大衆紙のコンクールに応募するような女子の教育は、しておいもはん（しておりません）。退学じゃ！」

これには、また新聞が反論するんですね。

「なんら、恥ずべきコンクールでは、ごあはん！」

結局、この問題は、乃木さんが仲人となって、〝陸軍元帥の息子と結婚する〞ということで、双方の顔が立ち、解決しました。

それにしても、鹿児島は美人の産地！　まわりを見てみやんせ（ごらんなさい）……そんとおりでしょう？

十二月二十九日放送

「兵六夢物語」で溜飲下げる　毛利正直の巻

きょうは、おめでた～い「大石兵六《おおいしひょうろく》」の「夢物語」とすることに、いたしもんそ（いたしましょう）。

兵六は物語に出てくる主人公の名前ですが、作者は毛利正直《もうりまさなお》という人です。今から二百年以上も前の、鹿児島城下の下級武士で、もともと民話として残っていたものを、その時代背景にあわせて書き改めたんですね。

今でも「鹿児島の民話」として親しまれている、兵六のボッケな話をちょっと、やってみもんそ……。

兵六は、血気盛んな薩摩の兵児二才《へこにせ》。向こう見ずのボッケモンですが、ちょびっと空威張《からいば》りのところもある……。

〝吉野の丘に、バケモノが出る〟と聞いた兵六は、赤い鮫鞘《さめざや》の大小を腰に、ひとりで乗りこんでいきます。

バケモノの正体は、吉野に住むキツネたちなんですね。兵六の行く所、行く所で、ひとつ目の大天狗、ろくろ首のおねえさん、山姥《やまんば》などなど、手を変え、品を変え兵六に襲いかかります。兵六はもう、ほとんど逃げどおし……。

さんざんいたぶられた兵六は、ススキの原っぱでついにキツネを一匹つかまえました。

「ワレコッポ（いたずら）をしたとは、ワイ（おまえ）たちやね！」

兵六が刀を振り下ろそうとした瞬間、「待て、兵六！」と、後ろから声がします。振り返ると、兵六の父親ではありませんか。

「兵六、きょうは、わが家の氏神様《うじがみさま》を祭る日じゃ。殺生《せっしょう》をせんじ（しないで）、早よ（早く）、そん（その）キツネを逃がしてやれ！」

親の言うことを聞かんわけにはいきません。キツネを離してやると、どうでしょう。目の前の父親も、見る見るキツネに変わっていくではありませんか。

「あいちゃ〜！　また、ダマクイカエサレタ（だまされた）！」

こんな調子で、しまいには、心岳寺《しんがくじ》の和尚に化けたキツネに、肥溜《こえだ》めの風呂に入らされた上、武士の象徴であるチョンマゲを落とされ、頭をツルツルに剃《そ》られてしまいます。

この物語で毛利正直は、支配階級である武士がさんざんな目にあうことで、庶民が日ごろのうっぷんを晴らすことを望み、一方の武士に対しては、自分の行動への戒《いまし》めを伝えたかったのではないでしょうか。

一九九八年・平成十年一月五日放送

お国のためならきばいもす　岩谷松平の巻

今夜の「さつまのボッケモン」は、前にもご紹介したことのある〝タバコ大王〟岩谷松平《いわやまつへい》、その第二弾です。

松平は川内の生まれ。東京に出て、明治二十年、銀座に間口《まぐち》三十間《けん》の大きな店を作り、〝天狗タバコ〟を売り出します。

キセル用の〝刻みタバコ〟が主流の時代に、便利な〝紙巻きタバコ〟は、たちまち評判になって売れに売れました。それに松平の宣伝も、ドギモを抜くことばかりです。店を全部、真っ赤に塗る、ドデカイ天狗のお面をかける、外出の時も赤いシルクハットに、真っ赤なフロックコート姿。おまけに、これまた真っ赤に塗った馬車に乗る、という徹底ぶりです。〝人目を引いてタバコの宣伝をする〟という、まさに人並みはずれた〝広告の天才〟じゃったわけです。

おかげで店の看板に、〝タバコの税金・たったの三百万円〟、今のお金にしますと数百億円！　と書くほど商売は大繁盛していました。これは、〝国のために、これだけのお金の奉仕もしていますよ〟という意味でもあったんですね。

こんな中、アメリカの大っきなタバコ会社の社長が、松平に会いにきました。

「いわやサーン。アナタノオ店ヲ、ワタシニ売ッテクダサーイ」

商売敵《がたき》の村井商店が、すでにこのアメリカの会社と提携していましたから、よけい松平は首を縦に振りません。

「いいや。それはできもはん（できません）」

「いわやサーン、ソレデハ、一千万円出シマショウ。ドーデスカ？」

当時の一千万円といえば、今の金額にして数千億円です。それはそれは、大変な額ですが松平は、この話をケッてしまいます。

「今の日本は、蓄《たくわ》えを増やしておかんとならん時ごわす。もうけを、外国に持っていかれることはできんとです」

確かにこのころの日本は、日清戦争が終わり日露戦争に突入しようとしていました。軍備のための財源が必要です。

そこで、タバコの利益が莫大なものだと知った政府は、明治三十七年、タバコの「専売法案」を通過させました。この時、松平は少しも欲を出しませんでした。「風雲急な時じゃ。自分の利益より、国益が先ごわす。わたしの店が、お国の役に立つことは大いに結構じゃ」

松平は赤塗りの店、五十カ所の工場、三百を越える倉庫などスッパイゴッソイ、ズルッ(何から何まで全部を)、わずか三十六万円で政府に譲り渡しました。「一千万円で買う」ちゅう人がおったのに、〝たったの三十六万円〟ですよ。なんちゅうボッケモンでしょうか。一方の村井商店の方は、うまく立ち回って一千万円以上を手にしたようです。

その後の松平は、養豚事業などをして、静かな歳月を送ったということです。こちらのもうけの方は〝トントン〟だったようですよ。

一月十二日放送

裸体画にビックリ！　黒田清輝の巻

今夜ご紹介するのは、近代日本の洋画壇を確立した黒田清輝《くろだせいき》です。

清輝は幕末、薩摩藩士の子供として、今の鹿児島市高見馬場《たかみばば》に生まれました。明治十七年、清輝十八歳の時、外交官だった義理の兄に連れられてフランスへと留学します。その目的は絵の勉強ではなく、法律を学ぶためだったんですね。最初は、「法律家」になるのが清輝の夢だったんです。

パリでは、まず小学校に入ってフランス語の勉強をしました。日本でも外国語学校で勉強をしてきていましたので、みるみる語学力は上達していきました。

そんなある日、友人で画家の藤雅三《ふじまさぞう》が清輝を訪ねてきました。

「黒田君。私はフランス語がうまく話せん。今度、ラファエル・コラン先生に絵を習うことになったんじゃが、君が通訳をしてくれんやろうか」

コランは当時、世界的に有名な画家でした。この時、清輝の人生は大きく変わろうとしていたのです。

藤がコランから絵の指導を受けるのにずっとつきあっているうちに、清輝はコランの人柄と、絵画のおもしろさに引き込まれていきます。もともと、清輝には絵心があって、パリでも自分流で絵筆を取ったりもしていたのです。

「コラン先生、あたい（私）にも絵を教えてくいやんせ（ください）」

清輝は画家になることを決心しました。日本の両親にも何度も手紙を書いて、画家になることを許してもらいました。

晴れて、コランに西洋画の基礎を学び、ルーブル美術館に通ったりして、アトリエでの制作活動に熱中しました。そして「読書」、「アトリエ」などの名作が次々に誕生、フランスのサロンでも入選するまでになりました。

帰国後の明治二十八年、京都で開かれた博覧会で、清輝の「朝装《ちょうそう》」が出品されました。裸のフランス人をモデルにした絵で、これが大騒ぎのもととなりました。

「はだかの女性を絵にするとは、なにごとか！」

「けがらわしか！」

しまいには警察までやってきて、

「風俗上よくないから取り外せ」

と言い出す始末です。

しかし清輝は、きっぱりと断りました。

「外国では、芸術としてりっぱに通っちょっとです！」

博覧会の間中、絵のまわりは黒山のひとだかりです。日本の人達が裸体画にビックリしている様子は、外国の新聞でも紹介されました。

日本の美術界の先導役を果たした〝世紀《せいき》の画家〟が、黒田清輝だったわけですね。

一月十九日放送

鹿児島農業の先駆者　知識兼雄の巻

今夜ご紹介するボッケモンは、鹿児島の畜産農業の基礎を作った知識兼雄《ちしきかねお》です。

兼雄は一八三五年（天保六年）、今の鹿児島市長田町《ながたちょう》に生まれました。代々、島津家の側近という武士の家柄で、家老の小松帯刀《こまつたてわき》とは同じ年です。

その小松は、薩長同盟を結んだり、将軍・慶喜《よしのぶ》に大政奉還を迫るなど、新生日本建設への足掛かりを着々と進めていく活躍をします。

明治維新を目前にしたある日、小松は京都の屋敷で兼雄に言いました。

「知識どん、今から日本は新しか時代にないもんど（なりますよ）。こいから（これから）は、大いに殖産興業に努めんといかんとごあんどん、わが鹿児島にはそげん人材が、おいもはん（いません）。おはんが（あなたが）先頭に立って、やってみやらんな（やってみませんか）」」

この一言で兼雄は決心を固めました。さっさと薩摩に帰って、刀を捨て、吉野に新しか牧場を開きます。同僚の武士の中で、農業に転向したのは兼雄がただひとり。みんなから、「もう、おはん（あなた）とは絶交じゃ」と言い渡されてしまいました。

孤立無援の兼雄ですが、助けてくれる人もいました。それが、イギリス人で鹿児島病院長のウイリアム・ウイリスでした。「知識というサムライが、吉野で農業を研究している」と聞いて、訪ねてきてくれたのでした。

「ちしきサーン、ワタシノ国デハ、ミンナみるくヲ、飲ミマース。タクサン牛ヲ飼ッテ、オッパイヲ、シボルノデース！」

「ミルク……エゲレスの人はみーんな、牛の乳を飲んじょっとごわすか」

「ハーイ。トテモ栄養ガアッテ、赤チャンモ、大人ノヒトモ、タクサン、タークサン、飲ミマース」

「そうごわすか（そうですか）。牛の乳があれば、乳母《うば》も、いらんごとないもすな（いらなくなりますね）。やってみもんそ（やってみましょう）！」

　これが明治三年のことで、兼雄は県から土地を借り、明治政府にも働きかけて、牛十七頭、ロバ八頭、羊二十二頭を借り受けることに成功しました。

　そして明治八年、兼雄は前の県庁があったあたり（鹿児島市山下町付近）に、「農事社」という農業の会社を起こしました。

　「農事社」では、吉野の牧場で絞った牛乳を運んできて、店頭で量り売りをしました。コンデンスミルクも作ったり、牛肉の販売なども始めました。兼雄のおかげで、鹿児島でも明治十年ころから、牛乳は広く飲まれだしたようです。

　兼雄が基礎を築いた鹿児島の農業は、今や和牛、豚の生産が日本一。「鹿児島黒毛《くろげ》和牛」、「さつま黒豚」は、全国的なブランドとして知られるまでになりました……たいしたもんです。

　きょうの「さつまのボッケモン」は、鹿児島近代農業の草分け、知識兼雄の巻でした。

一月二十六日放送

皇国の興廃この一戦にあり　東郷平八郎の巻

今夜ご紹介する「さつまのボッケモン」は、日本だけでなく世界中の軍人から、「東洋のネルソン」とたたえられている旧・大日本帝国元帥《げんすい》で、海軍大将の東郷平八郎《とうごうへいはちろう》です。

　平八郎は、一八四七年（弘化四年）、鹿児島城下・下加治屋町《したかじやまち》に生まれました。十六歳の時に薩英戦争に参加して、その時に、

「敵は海からも来《く》っ。海の上で戦う力も、なかといかん（ないといけない）」

と実感して明治維新後、海軍に入ります。

たったの十六歳で、

「島国ニッポンは、海軍力をつけんといかん」

ち（と）、気づくとこいが（気づくところが）、やっぱいビンタ（頭）ん良か、ボッケモンじゃったんですね。わたしが十六ん頃は、「海」ちゅうと、水《み》っじゃび（水浴び）……海水浴のことしか考げちょらんかったですから、平八郎どこいか、平凡太郎ですね。

「連合艦隊司令長官」に抜擢された平八郎は、明治三十八年、「ロシアのバルチック艦隊が日本海に現れた」という警報を受けて出動します。

そしてついに九時間後、当時、世界最強といわれたバルチック艦隊を発見、あの有名な、〝皇国《こうこく》の興廃《こうはい》、この一戦にあり。各員《かくいん》、一層奮励《ふんれい》努力せよ〟を表す信号旗・Z旗が掲げられ、海戦史上有名な「日本海海戦」の幕が切って落とされました。

海戦が始まっても平八郎は、砲弾が飛び交い、波しぶきがあがる危険なブリッジにとどまって、戦闘の指揮を取ります。

参謀が、

「長官、ブリッジは危険です。船内の司令塔で指揮してください」と進言します。

しかし平八郎は、

「オイ（私）は、もう年寄りじゃ。今後、お国のためにがんばってもらわにゃならん若い君たちこそ、大事を取って船内で職務をとらんにゃいかん」

と答えて、戦闘が終わるまでの六時間、身じろぎもせずにブリッジで指揮をとり続けました。

この戦闘で平八郎が取った戦法は、それまでの海戦の常識をくつがえす「T字型戦法」というものでした。

鶴が翼を広げたような格好で、いっせいに砲弾を浴びせるんですね。この戦法にロシア艦隊は〝ツルッ〟と、はまってしまいました。三十八隻のうち二十隻を沈めるという、日本側の大勝利です。

東洋の小国・日本の東郷元帥の名は、一躍欧米に知れ渡りました。今でも、鹿児島市の多賀山《たがやま》公園にある平八郎の銅像には、外国船員がお参りに来ますし、フィンランドでは「東郷ビール」が売られているほどです。

今夜は、日本海軍の神様と言われている東郷平八郎を紹介しました。

二月二日放送

戦（いくさ）は潮時　大山巌の巻

今夜ご紹介するのは、日清・日露の戦いで日本陸軍を指揮し、のちに陸軍大臣となった大山巌《おおやまいわお》です。

巌は一八四二年（天保十三年）、鹿児島城下・下《した》加治屋町《かじやまち》に生まれました。西郷隆盛は、いとこにあたります。顔も西郷さんに似ておいやったそうで（おられたそうで）、大蔵省印刷局技師のキヨソネは、巌の顔を参考に、あの西郷さんの肖像画を描いたといわれるほどです。

明治三十七年、巌は満州軍総司令官に任命されます。このころ、日本とロシアは中国大陸の領有権をめぐって関係が悪化、日露戦争勃発目前です。

当時、ロシア軍は〝世界最強〟とうたわれ、日本中から「おそロシア」と、恐れられていました。

巌は、同じ鹿児島出身の海軍大臣・山本権兵衛《やまもとごんのひょうえ》を訪ねました。

「山本どん。いよいよロシアと戦わんと、ないもはん（なりません）。こん戦争は、戦い方も難しごあんどん、どこでやむいかも（どこでやめるかも）難しごわす。攻めてばっかいおれば、ロシアは広か国ごあんで、泥沼にはまっこちゃ知れちょいもす。おまんさあが潮時《しおどき》を見て、こん戦《いくさ》を収《おさ》めてくいやはんか（くれませんか）」

戦争を始める前から、いくさを収拾することを考えるなんど、薩摩人にしては冷静なボッケモンなんですね。これを聞いた山本は、

「大山さあ、好機をのがさず、いくさをするのと同じく、好機をのがさず、いくさをやむっとも、国家の大事ごあんど。おいどんよっか（私よりも）、おまんさあの方が（あなたの方が）日本に残って、いくさの行司役になって、潮時《しおどき》を見極めたら、どげんごわんそかい（どうでしょうか）」

と答えました。

しばらく考えていた大山は、

「総司令官を拝命した以上は、満州（中国・東北部）に出掛けんわけには、いっもはん

（いきません）。山本どんの言《ゆ》やっとおり（言われるとおり）、おいどん（私）は、ただじっと見ておいもんそ。そして、『ここがいくさの潮時じゃ』ちゅうところでやめもんそ（やめましょう）。もし負け戦になったら、おいどんが陣頭に立つ覚悟でごわす」

と、晴れ晴れとした顔で答えました。

日露戦争は、明治三十八年に奉天《ほうてん》（現在の瀋陽《しんよう》）で、日本軍がロシア軍を破ったところを〝戦いの潮時〟として、終結しました。激しい戦いだったわけですが、この戦争を機に、日本は世界の列強の仲間入りを果たします。

今夜は、日露戦争開始前の大山巌と山本権兵衛の会話を通して、戦う将軍たちの苦悩を紹介しました。

二月九日放送

歴史小説の第一人者　海音寺潮五郎の巻

今夜ご紹介するボッケモンは、時代小説の第一人者・海音寺潮五郎《かいおんじちょうごろう》です。以前、この番組で紹介した〝川内川のボッケモン・堀之内良眼坊《ほりのうちりょうげんぼう》〟が描かれた小説「二本《ふたもと》の銀杏《ぎんなん》」の作者でもあります。

潮五郎は、本名を末冨東作《すえとみとうさく》といい、明治三十四年に大口市に生まれました。旧制・加治木中学（今の名門・加治木高校）から、のちに国学院大学へと進み、中学校の先生を経て、小説家となります。

そして、昭和十一年に「天正女合戦《てんしょうおんながっせん》」で直木賞を受賞、一躍歴史小説の世界で有名になります。後輩の面倒見もよく、作家の司馬遼太郎《しばりょうたろう》、寺内大吉《てらうちだいきち》などは潮五郎の教えを受けて、いずれも直木賞作家となっています。

今夜ご紹介するのは、潮五郎が若い時のエピソードで、作家の井伏鱒二《いぶせますじ》の随筆に出てくる話です……。

昭和十六年、太平洋戦争の始まる一カ月前、潮五郎は「報道班員」として、南方に赴任することになりました。「報道班員」には、当時の新聞記者やら、映画のカメラマンやらが選ばれて、結団式が大阪で開かれました。

その時の〝報道班員の心得〟として、

『なるべく目立たない服装で、軍刀を持参せよ』

とあって、ほとんどの人が刀を袋に入れ、ジャンパーや背広を着てやってきました。

潮五郎は、朱鞘《しゅざや》の長～い刀を、ヒモで探検服の背中にくくりつけ、まるで忍者か、佐々木小次郎のような格好です。まわりのみんなは、「さすがは、歴史小説の作家じゃっな～（だな～）」と、変に感心してしまいます。

軍人がエラそうに訓示します。

「おまえたちの命は、今から俺があずかった。グズグズ言うやつは、ぶった斬るゾ！」

みんながビビッた瞬間、班員の中から、

「ぶった斬るなら、ぶった斬ってみろ！」

と、おらぶ（叫ぶ）者がいます。

みんなが声の主を捜すと、ナント、小次郎姿の潮五郎ではありませんか。権力に負けん、さつまのボッケモンの勇ましい姿が、そこにありました。

こんな調子で、赴任した戦地でも、

「オイドン（俺）は文士じゃっで、書く気が起こらんやつは、書かんど（書かないぞ）！」

と、しょっちゅう将校とやりあっていたそうです。

数々の名作を残した潮五郎は、多くの読者に惜しまれつつ昭和五十二年、七十七歳の生涯を閉じました。

二月十六日放送

日本海軍制度の確立者　山本権兵衛の巻

きょうのボッケモンは、日本海軍の育ての親で、二度にわたって総理大臣を務めた山本権兵衛《やまもとごんのひょうえ》です。権兵衛は、一八五二年（嘉永五年）、今の鹿児島市加治屋町に生まれました。コマんかころ（こどもの頃）は、相撲ばっかいとっちょい（とっている）ゲンキボ（元気者）じゃったそうで、いかにも軍人らしい、虎のようなするどい顔付きをしておいやっですね（おられますね）。きょうは、海軍ですばらしい活躍をするきっかけともなった、「青年・権兵衛」の時のエピソードをご紹介しもんそ。

征韓論に敗れて下野《げや》した西郷さんを追って、明治七年、二十三歳の若き権兵衛は、親友の左近充隼太《さこんじゅうはやた》と連れ立って鹿児島へと帰ります。

二人は、わが家《や》にも寄らずに、西郷さんがえ（西郷さんの家に）一目散に向かいました。

（西郷）「おはんたちも、元気そうでなによりじゃ。で、なんの用事で帰ってきやったとな（帰ってきたんですか）？」

権兵衛は、かしこまって答えました。

「はい。維新大業の礎《いしずえ》は、まだ出来ておいもはん（おりません）。先生、再び上京されて、日本のためにご努力できもはんか（できませんか）」

隼太も続けます。

「このような政情の中でダラダラ過ごすのはイヤごわす。国を憂えるのは一緒と思いもす。ぜひ、先生のご意見を聞かせったもはんか（聞かせてくださいませんか）」

荒馬のようにせっつく二人に、西郷さんは静かに諭《さと》しました。

「おはんたち書生は、学問・修養が仕事じゃなかか。その学問も、いまだ半ばじゃ。わが国の位置を考えれば、こいからは海軍が重要じゃっど。おはんたちは、今はひたすらに修行に努めて、しかるのちに大いに国事に奔走するのが一番じゃ」

三日後、二人は再び東京へと向かいました。その途中、権兵衛は隼太に言いました。

「おはんと共に天下の大事にあたるつもりで帰省したどん、西郷先生の話を聞いて気持ちが変わりもした。オイ（俺）は一生懸命学問をしてから、日本のために尽くすつもいじゃ。おはんはどげんな（君はどうだ）？」

隼太は涙を流しながら言いました。

「たとえ西郷先生の言葉でも、一度自分で志を立てたことは変えられん。おはんとは、もう共に勉強することはできん」

国を思う二人は　この時から別々の道を進んでいきました。隼太は西南戦争で西郷さんと運命をともにし、権兵衛の方は、その後勉学を重ね、日本海軍の近代的な制度を作り上げたほか、総理大臣として日本の建設に奮闘しました。

二月二十三日放送

南薩鉄道の創設者　鮫島慶彦の巻

今夜ご紹介するボッケモンは、鹿児島初の民間鉄道「南薩線」、のちの「鹿児島交通線」を作った鮫島慶彦《さめしまけいひこ》です。

慶彦は一八六五年（慶応元年）、加世田市・麓《ふもと》の大地主の家に生まれました。わずか三十六歳で県議会議員に当選、七年後には国会議員となって政治の舞台で活躍します。

そのころ慶彦は、

「今、一番地元のためになっことはないじゃろかい」

と考え、南薩には住民の足となる〝鉄道〟がないことが、地域の発展を遅らせていることに気づきます。

そこで、串木野や知覧などの知名士に集まってもらって、情熱を持って訴えます。

「みんなさあ、聞いてくいやんせ（聞いてください）。国の鉄道は、明治三十四年に鹿児島―国分間が開通、四十二年に門司までがつながって、東京までが線路でつながったわけごわす……。こん線路が、やがて網の目んごと、日本国中を走る世の中にないもす。おいどんたっ（わたしたち）の南薩にも、ワガタッ（自分たち）の手で、どっしてん（どうしても）鉄道をひかんにゃないもはん（引かねばなりません）」

集まった人達は、みんなアゴがはずれんばかりにタマゲて（驚いて）います。

「ゼン（銭）がどしこ（どれだけ）いっとか（いるのか）考えちょいやしか（考えておられますか）。わっぜーか（たいへん）かかいもんど！」

「鉄道は、国が引いてくいはっじゃ（国が引いてくるはずだ）」

慶彦も懸命です。

「今んとこい（今のところ）、国鉄が線路を引く計画はあいもはん（ありません）。何年かかいか（かかるか）見当もつっもはん。みんなで金を出し合えば、テゲなひこ（かなり）集まっち思いもす」

慶彦の熱心さに打たれて、やがてみんなも同意します。

こうして大正元年、資本金百万円で「南薩鉄道株式会社」を設立、大正三年四月に、伊集院―伊作《いざく》間、五月には伊作―加世田間が開通し、念願の民間鉄道が南薩の地を走ったのです。

鹿児島唯一の民間鉄道・「南薩線」は、のちに「鹿児島交通線」と名を変えてからも、住民の足として親しまれましたが、道路の発達に伴って、惜しまれつつ昭和五十九年に廃線となってしまいました。

今夜は、民間鉄道の生みの親・鮫島慶彦を紹介しました。

三月二日放送

桜島大爆発で人命救助　岩下岩五郎の巻

今夜ご紹介するボッケモンは、大正三年の桜島大爆発の時、危険を省みずに人命救助にあたった岩下《いわした》岩五郎《いわごろう》です。

大正三年一月十二日朝のことです。鹿児島市いづろ通りにある呉服屋の番頭をしていた岩五郎は、ちょうど店の品物を並べていたところでした。

突然、ドガーン、ガラガラ、ドーン！　大きな音と同時に、棚に乗せてあった反物《たんもの》が全部ひっちゃれ（落ち）ました。岩五郎は腰が抜けるほどヒッタマガリ（驚き）ました。

「桜島じゃ〜！　桜島が大噴火したど〜！」

表で大勢の人達が桜島の方を指さして叫んでいま

す。

「こいは、いかん！」岩五郎は叫びました。岩五郎の自宅は桜島の瀬戸村《せとむら》にあったのです。店のだんなさんが叫びました。

「岩五郎どん！　おはんの家族があぶなか。店はよかで（店のことはいいから）、早《は》よ桜島にもどいやい（もどりなさい）」

岩五郎は、自分の船に飛び乗り、懸命に漕ぎ出しました。噴火のために錦江湾は紫色に変わり、降ってくる石や火山灰であたりは真っ暗です。桜島にやっとのことで近づいた時、暗い波間から、

「お〜い、お〜い、助けてくれ〜」と声がします。

「お〜い、だれかいるのか〜」岩五郎が船を近づけてみると、木材につかまった三人の男たちが、波に浮いたり沈んだりしています。

「だいじょうぶか〜。しっかりしやんせ（しなさい）」

岩五郎はありったけの力をふりしぼって、三人を船に引き上げました。

「……あいがとごわした（ありがとうございました）……逃げ遅れてこげんことにないもした（こんなことになりました）」

「よかったなあ。もうこいで（もうこれで）、大丈夫じゃんど！」

岩五郎は三人を乗せたまま瀬戸の方へ漕ぎ出しましたが、再び大爆発です。今度は桜島の東の頂上が爆発したのです。真っ暗な空から、焼けた石がドンドン降ってきます。

「岩五郎さん。もう、瀬戸の方には行けもはんど（行けませんよ）！」

「うんにゃ（いいや）！　あそこには、あたいの女房と子供がおっとです（おるんです）」

「瀬戸の人達は、垂水に逃げたかも知れもはんど（知れませんよ）」

岩五郎はさらに四人を助け上げましたが、残念ながら一人は船の上で息を引き取りました。

やっとのことで垂水に着くと、岩五郎の家族が着の身着のままで逃げてきていました。家は焼かれ、家財道具も全部無くしましたが、岩五郎の目には喜びの涙が光っていました。

三月九日放送

ワラジをはいた知事さん　加納久宜の巻

今夜ご紹介するのは、明治時代の鹿児島県知事で、産業や教育の発展に尽くした加納久宜《かのうひさよし》です。

久宜は、福岡県の柳川《やながわ》藩主の弟・立花種道《たちばなたねみち》の子供として、一八四八年（嘉永元年）に江戸で生まれました。

そして十九歳の時、親類の加納家のあとつぎとなって、今の千葉県・上総一宮《かずさいちのみや》の藩主となります。

やがて明治維新。文部省の役人、岩手師範学校校長、大審院《だいしんいん》検事などを経験したあと、明治二十七年・四十六歳の時、鹿児島県知事に任命されました。

「大名であった私が知事を任された以上、その責任は重い。家族全員を連れて住むことにして、鹿児島を〝第二のふるさと〟にする覚悟を決めた……」

久宜は強い決意を抱いて、鹿児島へ赴《おもむ》いたのでした。

知事としての久宜がまず取り組んだのは、産業の振興でした。

県内各地を回るのですが、その姿はナント、ワラジばき……。たんぼの畦《あぜ》で久宜は農家に語りかけます。

「田植えは、どのようにやっていますか」

「え～、はい。山から木の葉っぱを取って来もしてごわしな、そいば（それを）たんぼにまいて、足で踏んたびって（踏んで）腐らしてごわしな、ほいで（そうして）種籾《たねもみ》をごわしな、パーち、撒《ま》っとごあんさあ」

「〝直播《じかま》き〟ですね。これじゃ～、コメはたくさんは取れんでしょう」

久宜は、鹿児島市の荒田に自分のお金を出して　試験用のたんぼを作りました。そして農家を集めて、自分で新しい田植えのしかたをして見せました。それは、今も行われている〝正条《せいじょう》植え〟という方法で、苗も少なくて済み、草取りも簡単にできるのです。

この方法で、東京・大阪で安く買い叩かれていた鹿児島のコメが、高くで売れるようになりました。

また、教育にも力を入れました。当時、学校に通う子供は半数以下でしたので、神社やお寺を借りて読み書きを教えるようにしました。本も自費を使って集め、「加納文庫」を作りました。これが現在の鹿児島県立図書館です。

七年間の在任中、久宜が自分の家から持ち出した金額は、当時の鹿児島県の年間予算に匹敵したといいます。

久宜は千葉に帰り、七十二歳で亡くなりましたが、

「もし、私が死んでも、鹿児島のことで何かあったら冥土《めいど》に電話せい」

と口癖のように言っていたそうです。

今夜は、鹿児島をこよなく愛した知事・加納久宜の巻でした。

三月十六日放送

徳川家で孤軍奮闘　天璋院篤姫の巻

今夜ご紹介するのは、薩摩から第十三代将軍・徳川家定《とくがわいえさだ》に嫁いだ天璋院篤姫《てんしょういんあつひめ》です。

篤姫は、一八三六年（天保七年）、島津家の一族・今和泉《いまいずみ》領主の娘として生まれ、十九歳の時、島津斉彬公の養女となりました。

時の将軍・家定は二人続けて奥方を亡くして、独身状態……。幕府から、

「将軍の正室に、島津家から、だれか出してくいやはんどかい（出してくれませんか）」

という話が舞い込んできていました。

斉彬公のひいおじいさん・重豪《しげひで》公の娘も十一代将軍・家斉《いえなり》に嫁いでいます。幕府の政治力の低迷を嘆

く斉彬公は、白羽《しらは》の矢を篤姫に立てました。

「家定公は、はっきり言って将軍の器《うつわ》ではない。篤姫を嫁がせ、大奥を味方にして、次の将軍に人徳の高い一橋《ひとつばし》家の慶喜《よしのぶ》公をたてるしかない」

と考えたのでした。

一八五六年（安政三年）、いよいよ〝お輿《こし》入れ〟という前の夜、斉彬公は江戸・渋谷《しぶや》の別邸に篤姫を呼びました。

「篤姫や。今の幕府は政治を失い、人民の心も幕府から離れておる。そなたの役目は、家定公に、〝一刻でも早く、慶喜公を跡継ぎにするよう〟勧めることじゃ。これは、島津家一家のためではなく、天下国家の大事なんじゃぞ」

斉彬公の人物の大きさに打たれた篤姫は答えました。

「仰せの趣《おもむき》、かしこまってございます。たとえ、命に変えましても　お果たしいたします」……いけん（どんなにか）〝けなげ〟でしょうか、さつまおごじょの鑑《かがみ》ですね。

こうして、犠牲的な〝お輿入れ〟で、二十二歳の篤姫は将軍夫人となったわけですが、計画は思うように進みませんでした。

大老となった井伊直弼《いいなおすけ》が暗躍して、次の将軍には、紀州の家茂《いえもち》を据《す》えてしまいました。さらに残念なことには、陰で支えてくれた斉彬公が、わずか五十歳で急逝《きゅうせい》、さらに翌月には、夫の家定も亡くなってしまったのです。

篤姫は、二十四歳という若さで未亡人。髪をまるめて天璋院と名乗りました。やがて一八六五年（慶応元年）、家茂も死亡、十五代将軍に慶喜が決まって、ここでやっと天璋院の目的は達成されたのですが、もう世の中は倒幕へ向けて一気に加速していました。

天璋院は今度は、「幕府は滅びても、徳川家を滅ぼすわけにはいかない」と、気丈な働きを続けました。

今夜は、時代の逆境にめげず、けなげに闘った天璋院篤姫でした。

三月二十三日放送

山川のカライモオンジョ　前田利右衛門の巻

今夜ご紹介するのは、女性が大好きなカライモ（サツマイモ）を薩摩に広めた前田利右衛門《まえだりえもん》です。

今からおよそ三百年前の一七〇五年（宝永二年）、利右衛門は山川の網元の船員として、はるばる琉球・今の沖縄に来ていました。利右衛門たちの乗った船は、島津の殿様に「琉球国王からの贈り物を受け取ってくるように」と、命じられていたのでした。

荷物の積み込みも終わって、船員たちに特別に上陸の許しが出ました。利右衛門は山川で待っている女房に、有り金はたいて琉球絣《がすり》の反物を買い、町外れにやってきましたが、急に足をとめて畑に見入りました。今までに見たこともない植物が植えてあります。畑にいるおばさんに聞いてみました。「ばっばん（おばさん）、こんた（これは）なんちゅう草ごわすか？」

言葉がよく通じない風でしたが、植えてある物の名前を聞いているのだろうとわかって、ばっばんは、「唐《から》から来たイモ……」と答えました。

「唐から来たイモ。カ・ラ・イ・モ？　カライモちゅうもんで、ごわすか」

ばっばんは、家の中からお盆にのせた丸くて長いものを持ってきました。〝これを食べてみやい（みなさい）〟と言っているようです。

「こんカライモの草から、こい（これ）が出来っとごわすか」

利右衛門は、おそるおそる二つに割って食べてみました。

ホクホク、ムシャムシャ……いや〜、いけん（どんなにか）うまかでしょう。山で採った栗のように甘くて、腹いっぱいになる感じもします。〝こん（この）カライモが山川でも、でくっもんじゃろかい（できるものだろうか）……？〟

「ばっばん、こんカライモの苗を、あたい（私）に分けてくいやんせ！」

利右衛門は、ばっばんに頼みこんで、鉢に入れた苗を一本だけ分けてもらいました。うれしさのあまり、かあちゃんのおみやげの反物を、ばっばんにあげてしまいました。

山川の岡児ケ水《おかちょがみず》に帰った利右衛門は、琉球から大事に持ち帰ったカライモの苗を、ていねいに畑に植えました。土が乾いたら、水を汲んできて、大切に大切に育てました。しかし、夏になっても実どころか、花のひとつも咲きません。九月の頃になって、やっと花が咲きました。「今度は、実がなっど～（実がなるぞ～）！」

毎日のぞきますが、何日たっても実がなりません。十一月が過ぎると、カライモのツルは枯れかかってきています。

「あ～あ、やっぱい（やっぱり）気候が琉球とは合わんとやね～」

利右衛門は、がっかりしてツルを引っこ抜いてしまいました。

すると……ハラハラ（あらあら）！　琉球で食べた、あのカライモが鈴なりです。

「おう！　カライモは、根っこについちょった！」

こうして、カライモは火山灰の土にも、台風にも強い作物として、山川から鹿児島全土、そして全国に広まっていきました。

のちに、人々は利右衛門を〝カライモ・オンジョ〟と呼んで、山川町の徳光《とっこう》神社に祭りました。

三月三十日放送

玉川学園創設者　小原国芳の巻

今夜ご紹介するさつまのボッケモンは、「玉川学園」を作った教育者・小原国芳《おばらくによし》です。

国芳は明治二十年、今の川辺郡坊津町《ぼうのつちょう》に生まれました。

両親は早くに亡くなって、兄さん二人が働いて兄弟七人の暮らしを支えるという、ほんのこてグラシカ（かわいそうな）生活です。

中学校に行きたか国芳少年ですが、もちろん、そげん銭（ジェン）はありません。

……むいなか（かわいそう）ですね……。

国芳は馬小屋で、くやし泣きに泣いていたそうです……。

それを知っていた小学校の先生が、新聞で見たという、よか話を持ってきました。

「国芳。電信技師の学校があっど。日に十七銭も、くるっし（くれるし）、教科書も貸してくるったっちよ！」

試験の科目は、国語・習字・漢文・英語……ナ、ナンチ……英語！

「英語なんち習ったことは、なかどなあ」

「だい（誰）か、英語を教えてくるっ人は、おいやはんどかい」

兄さんたちが捜し回ったところ、枕崎のお寺のお坊さんが英語を知っちょいやっことがわかりました。

坊津から枕崎までは、峠越えの十二キロです。

国芳は、来る日も来る日も歩きながら、

「グッドモーニング……おはよう。グッドモーニング……おはよう……」

お坊さんから、〝単語を百回くりかえしなさい〟と言われたんですね。

毎日、ふっとか声で、わけのわからん言葉をしゃべる子供が通るというので、途中の村々では評判になってしまいました。

試験がある鹿児島までは六十キロ。この時も兄さんと二日がかりで歩いたといいます。

のちに国芳は、京都大学を卒業、〝だれでも教育が受けられるように〟と、玉川学園を創設しました。

今夜のボッケモンは小原国芳の巻でした。

第五十三回　平成十年四月六日放送

「シラス台地に水を！」野井倉甚兵衛の巻

今夜のボッケモンは、大隅のシラス台地に水を引くという開墾事業に生涯を捧げた野井倉甚兵衛《のいくらじんべえ》です。

甚兵衛は明治五年、曽於郡西志布志村、今の有明町・野井倉に生まれました。

甚兵衛が住んでいた野井倉台地は、標高七十メートルもあるシラス台地で、近くを菱田川《ひしだがわ》が流れてはいるんですが、川から畑に水を引くことはできません。

日照りが続くと、畑の土はカラカラに乾いてしまうのでした。

甚兵衛は、菱田川のはるか上流から水を引いてくることを思い立ちました。

甚兵衛は、あちこちに出かけて訴えます。

「こん台地に水が引けたら、コメを作いがないもんど（作れますよ）」

「銭（ジェン）が、ズンバイかかいもんで、県にもお願いしてみもんそや」

熱意が通じて、大正元年に県の調査、十年には国の調査が行われました。

「こいで、用水路がでくっどお～（できるぞ～）」

大喜びした甚兵衛たちでしたが、調査の結果は、

「導水路の途中に岩石が多いので、計画は中止した方がよい」

というものでした。

甚兵衛は昭和になっても、県庁や国の役所に出かけ、用水路の建設を説いてまわりました。

そしてついに昭和十七年、国の事業として用水路の工事が始まりました。しかし、前の年には太平洋戦争が始まっています。

セメントなどの資材も、工事の人手もないありさまです。

遅々として進まない工事の中で、ついに終戦。進駐軍から「工事を中止せよ」という

命令がきましたが、甚兵衛は今度はアメリカの軍隊に用水路の必要なことを訴えました。

こうして、ついに昭和二十四年、甚兵衛たちが汗水たらした念願の用水路が完成したのです。

大正元年の調査から、実に四十年近くの歳月が流れていました。

今夜は、野井倉甚兵衛の巻でした。

第五十四回　四月十三日放送

「花のいのちは短くて」林　芙美子の巻

今夜ご紹介するのは、

花のいのちは短くて

苦しきことのみ多かりき

……晩年、よくこの言葉を色紙に書いていたという小説家・林《はやし》芙美子《ふみこ》です。

芙美子の母親は桜島の古里温泉宿の娘で、行商人の父親と一緒になって、明治三十六年に芙美子が生まれました。

芙美子が生まれるとすぐに一家は桜島を出て、九州各地を転々と行商の旅に出ます。

芙美子七歳の時に両親は離婚、母親は芙美子を連れてまた別の行商人と結婚、各地を転々とする苦しい生活は続きます。

佐世保、熊本、若松、下関……と、芙美子は小学校を十数回も転校、やっと落ち着いたのは広島の尾道市《おのみちし》でした。

芙美子は一年遅れて小学校の五年生に編入したのですが、学校がイヤでたまりませんでした。

というのも、貧しい芙美子の暮らしを、クラスのみんながはやしたてるからです。

しかし、担任の先生は、芙美子が上手に作文を書くことに驚かされていました。

ある日、先生は芙美子が書いた「母」という題の作文をみんなに読んで聞かせました。

「雨の日が続くと、父も母も行商に出られません。お金もないので、鍋の底の粟飯《あわめし》を毎日、すこしずつ食べています」

いつも芙美子をからかう男の子たちも、急に押し黙って、涙ぐんでしまいました。先生は芙美子の席に来て励ましました。

「きみの作文は日本一だぞ。もっともっと勉強して立派な人間になれ」

顔を真っ赤にして、ただうつむくばかりの芙美子でしたが、この時から文学の勉強に打ち込むことを決意します。

のちに芙美子が自叙伝として書き綴った「放浪記」「浮雲」などは日本文学の名作として今でも多くの人に読まれています。

今夜は林芙美子の巻でした。

第五十五回　四月二十日放送

清廉な大画家　和田英作の巻

今夜ご紹介する〝さつまのボッケモン〟は東京美術学校の校長も務めた大画家・和田英作《わだえいさく》です。
英作は明治七年、今の垂水市に生まれました。父親は海軍兵学校の英語の教官で、のちに牧師となり、英作を連れて東京へと移り住みます。
英作は、牧師の父親から、そして明治学院でキリスト教の思想をつちかわれることで、〝折り目正しい〟和田芸術への素地ができあがっていきます。
英作は同じ鹿児島出身の黒田清輝《くろだせいき》に洋画を学び、さらにパリに留学して、当時の有名画家・ラファエル・コランの手ほどきを受けて、第一級の画家として育ちました。

大正十四年、鹿児島県庁が落成したとき、記念の油絵を描くために英作は霧島に登りました。

案内するのは、鹿児島市立美術館長を務めた谷口午二《たにぐちごじ》です。

英作は高千穂《たかちほ》の峰《みね》を望む丘を歩くうち、いい場所を見つけたようで、イーゼルの準備を始めました。

ところが、そこから高千穂の峰はきれいに見えるのですが、その手前のちょうどいいところに二本の松が伸びていて、どうしても画面のじゃまをします。

谷口が英作に言います。

「先生、あの松がじゃまですね。人を雇って切らせましょう」

英作は松が気になっている様子ですが、ニコニコして答えます。

「いいや、谷口さん。自然のものは、そこにあるように定められているんだ。切ってはいけないよ」

谷口は、英作のやさしい人柄にふれ、感動しました。

「先生、それならこうしましょう」

谷口は人を雇ってきて、松の木にロープをかけて左右にひっぱらせました。

「先生、これならどげんでしょうか」

「うん、これで高千穂の峰がよく見える」

英作は満足そうに絵筆を走らせ始めたということです。

今夜は、和田英作をご紹介しました。

第五十六回　四月二十七日放送

国境を越えた画家　八島太郎の巻

今夜のボッケモンは太平洋戦争当時、アメリカの情報局に協力して、日本人向けの「降伏勧告ビラ」を作った八島太郎《やしまたろう》です。

八島太郎は、本名を岩松惇《いわまつあつし》といい、明治四十一年、今の肝属郡根占町《きもつきぐんねじめちょう》に生まれました。

画家を志した太郎は、東京美術学校、今の東京芸大に進みますが、美術学校の教育に失望し、中退します。

そして、プロレタリア美術運動に飛び込んで行きますが、「思想弾圧の激しい日本では絵が描けない」と、昭和十四年、奥さんと一緒にアメリカに亡命します。

太平洋戦争が始まると同時に、アメリカでは、〝日本人は野蛮で人殺しが好きな国民である〟という宣伝が盛んに行われるようになってきます。

太郎は、「そうじゃなか！　日本人は本当は、平和を愛する優しい国民じゃが。軍部に駆り出されて戦場で無駄死にをする根占の同級生、そして日本人一人でも救わないといけない」と思い立って、アメリカ軍の情報局に志願します。

画家としての才能を発揮して、

『生き抜くことが真の勇者じゃっど。断じて死ぬな。耐えろ！』

『父よ生きよ！　生きて妻子に会え！』

と訴えるビラを作り、アメリカから戦場の日本兵に訴え続けました。

戦後、ロサンゼルスに移り住んだ太郎は、自分の故郷・根占を舞台にした「からすたろう」、「村の樹」などの絵本を描き、国境を越えて、多くの人々に親しまれました。

そして平成六年、最後まで故郷を思いつつ、ロサンゼルスで八十五歳の生涯を閉じました。

第五十七回　五月四日放送

日本海軍を大掃除！ 山本権兵衛の巻

今夜ご紹介するボッケモンは、〝日本海軍の育ての親〟山本権兵衛《やまもとごんのひょうえ》、その第二回です。

明治二十六年、権兵衛は「大佐」の位についていました。

時の海軍大臣は西郷隆盛の弟・西郷従道《さいごうつぐみち》で、海軍の改革を一将校の権兵衛に任そうと考えました。

「権兵衛さあ、おまんさあの思うごっ、海軍を変えてみやはんか？　やいにっかこっが（やりにくいことが）あれば、おいどんが出ていっもんそ」

そこで権兵衛が手がけたのは、海軍省の無能な幹部の大量クビ切りです。

……今でいう〝リストラ〟ちゅうやつです。

そん頃の海軍のオエライサンは、〝薩摩の海軍〟と言われるほど鹿児島の出身者が多かったんですね。その同じ郷里の先輩やら、上官を何十人もクビにしようというのですから、従道もタマガッテしまいました。

「権兵衛さあ、おまんさあは恨《うら》まれもんど」

「当然、恨まるっち思いもす。じゃっどん、ホがなか（能力がない）連中に日本の国をつぶされっしもえば、なんもかんもおしまいごあんで！」

権兵衛は、バッサバッサと、九十七人もの先輩たちをクビにしてしまいました。

「おまえは大佐の分際で、オイたっ（俺たち）のクビを切ってよかとか（いいのか）！国の秩序をドゲン考えちょっとか！」

机をたたいて詰め寄る薩摩の先輩たちにも、権兵衛はガンとして動じません。

〝薩摩の海軍〟は、薩摩の権兵衛の手によって葬り去られました。

このあと権兵衛は、出身や派閥にとらわれずに、まさに〝適材適所〟の人事で、清国にもロシアにも負けない「日本海軍」を作り上げました。

今夜は、〝日本海軍の育ての親〟山本権兵衛でした。

第五十八回　五月十一日放送

パリ万博のプロデューサー　岩下方平の巻

今夜ご紹介するのは、西郷、大久保らとともに活躍した岩下方平《いわしたまさひら》です。

方平は、一八二七年（文政十年）、鹿児島城下・上加治屋町《うえんかじやまち》に生まれました。

岩下家は、代々家老職を担う格の高い家柄です。

三十二歳の時、藩政改革と勤王に尽くすために「精忠組《せいちゅうぐみ》」を大久保らと結成して、方平は、精忠組の頭《かしら》に推されました。

尊王攘夷を唱える血気盛んな二才（にせ）達を抑えるのに、頭としてわっぜ（たいへん）苦労したようです。

その後、大目付、家老へと進み、一八六六年（慶応二年）末、島津久光《しまずひさみつ》公の命で、花の都・パリでの万国博覧会へ団長として派遣されます。

パリに着いた方平は早速、待ちかまえていたフランス人の豪商・モンブランと相談して「薩摩琉球国勲章」をフランス政府の高官に贈ります。

こん勲章が、幕府に比べて薩摩を宣伝するのに、わっぜ効果をあげました。

一方で方平は、いっぺこっぺ（一生懸命）動きまわって、薩摩の物産を出品させることを幕府に認めさせます。

そのうえ、「日本大君政府」……つまり幕府の出品物は手狭な場所に押し込み、「日本薩摩太守政府」は、よか場所に展示させます。

こうして、パリ万国博覧会で、徳川幕府の威信は傷つけられ、薩摩藩の名は一躍高まりました。

方平プロデューサーの働きで、薩摩政府のパリ万博は大成功に終わったのです。

そしていよいよこの翌年、薩摩と長州は倒幕へ立ちあがります。

今夜のボッケモンは、岩下方平を紹介しました。

第五十九回　五月十八日放送

夫に殉じた薩摩の女　乃木静子の巻

今夜ご紹介するのは、日清・日露戦争で勇名をはせた乃木希典《のぎまれすけ》陸軍大将の夫人となり、武人の妻として夫をささえた乃木静子《のぎしずこ》です。

静子は、一八五九年（安政六年）、薩摩藩士・湯地定之《ゆちさだゆき》の七人目の子として生まれ、貧乏ながらも明るい性格の娘（おご）として育ちました。

ある日、兄たちの留守の間に書物をひっぱり出した静子は、何が書いてあるかと興味がてら必死に読もうとしますが全然（じぇんじぇん）解りません。

読めない文字をなんどもたどりながら、しまいには書物を引破（ひっちゃ）ぶってしまい、泣き出す始末です。

その光景をたまたま見かけた叔母の品子《しなこ》は、「芯に、燃えるものを持っちょい娘（おごじょ）じゃが……」と感心してしまいました。

兄・定基《さだとも》の助言により、静子が学問を許されたのは十一歳の時でした。

その静子が長州出身の乃木希典と結婚したのは明治十一年、静子・二十歳、乃木・三十歳。静子は、長州と薩摩、嫁と姑、乃木家の武門の家風と、いろんなしがらみに耐えて薩摩の女として尽くします。

そして、最期が壮絶です。大正元年九月十三日、明治天皇御大葬《ごたいそう》の日の夜八時、御羽車《おはぐるま》が皇居を出発する合図の号砲と共に、静子は希典とともに殉死して五十三歳の生涯を閉じました。

武士道を最後まで貫きとおした乃木大将。武門の妻として、そして女として存在を主張した静子。

静子の死は、大正、昭和のおんなたちにとっては特殊なことであり、明治という時代の終わりを告げるものでした。

今夜は乃木静子の巻でした。

第六十回　五月二十五日放送

惜しくもノーベル賞を逸す！　田代四郎助の巻

今夜ご紹介するのは、日本人として初めてアメリカの大学教授となり、ノーベル賞受賞寸前までいった科学者・田代四郎助《たしろしろうすけ》です。

四郎助は明治十五年、薩摩郡上東郷村《かみとうごうむら》・今の東郷町に生まれました。

明治三十四年（一九〇一年）、鹿児島一中を卒業と同時に単身アメリカへと渡ります。

わずか十九歳。「何でん、見てやいがー」と思い立ったらあとにはひかんボッケモンです。

家族からも勘当同然です。本当に血気盛んな二才（にせ）だったんですね。

……たどりついたのは、二か三、じゃあなか、シカゴ（四か五）。

家出同然で飛び出してきた四郎助は、新聞配達、掃除夫、芝刈りと、学費を稼ぐために何（ない）でん、やりました。

毎日八時間以上働いて、そんあと勉強です。

一睡もしなかった日も珍しくなかったそうです。

ある日、高熱にうかされながら仕事をしている四郎助を見た近所の人が、

「ヘーイ、シロウ！ダイジョウブカ、オマエハ熱ガアルンジャナイカ？　ふらふらジャナイカ！」

「心配しっくれてあいがとごわす。熱はちっとあっとごあんどん、大丈夫じゃんど〜。あたいの故郷《くに》には、よか言葉があいもす。

……『若い時の（わけとっの）難儀は買（こ）うてでん、せえ（しなさい）！』アンダースタンド？」

「オーノー、クレイジー！」

本当に、頑張（きば）いかぎい、頑張（きば）ったんですね。

う〜ん、たいしたもんじゃー。

その後、四郎助はアメリカで日本人初の大学教授になって研究を続けて、「生命計測器」を発明、「生命の科学的兆候」という論文を発表してノーベル賞候補にまでなりました。

あの湯川秀樹博士よりも四十年も前のことだったんですね。

今夜は、田代四郎助を紹介しました。

第六十一回　六月一日放送

斉彬を育てたハイカラ殿様　島津重豪の巻

今夜ご紹介するのは、薩摩に新しい息吹《いぶき》を吹き込んだ第二十五代藩主・島津重豪《しまずしげひで》公です。

重豪公は、藩の学校・「造士館《ぞうしかん》」のほか、演武館、医学院などを造って、藩の若者たちに学問や武術を学ばせました。

また、暦《こよみ》の作成のために「明時館《めいじかん》」という建物を建てて、天体観測をさせました。

この「明時館」が、のち名前を変えて「天文館」となりました。

江戸のころは、あたりが真っ暗だったから天文台ができたんですね。今の〝ネオンチカチカ〟とは、大違い！

さて重豪公は、鎖国の江戸時代で唯一の外国文化であった「蘭学」も積極的に取り入れ、海外の進んだ知識や技術を学ぼうとしました。

この重豪公の〝ハイカラ〟な気性と学問好きは、のちに名君と称えられた、ひ孫の斉彬《なりあきら》公に大きな影響を与えます。

一八二六年（文政九年）、八十二歳の重豪公は、長崎のオランダ商館の医者・シーボルトが将軍に会うために江戸に向かっていると聞いて、わざわざ大森の宿まで会いに行きました。

可愛（むじょ）がっている十八歳の斉彬公も一緒です。

「ドクトル・シーボルト、余は動物が大好きで、獣《けもの》や鳥を剥製《はくせい》にする方法や、西洋の医学に大変興味を持っておる。余をドクトルの弟子にしてもらいたい」

と、オランダ語を交えながら気さくに話しかけます。斉彬公は、ひいおじいちゃんの積極さと、年を取っても意気盛んな情熱に改めてヒッタマガッて（驚いて）しまいました。

このような開化政策が藩の台所を苦しめて、一時は借金が五百万両、今でいうと三千億円以上にもなったといいますが、当の重豪公は意気揚々としていたそうです。

しかし、その先進的な考えは斉彬公にしっかりと引き継がれ、薩摩が明治維新の原動力となっていくわけです。

今夜のボッケモンは、斉彬公を育てた〝ハイカラ殿様〟島津重豪公の巻でした。

第六十二回　六月八日放送

一高女の名物先生　児島ツネの巻

　今夜は、第一高等女学校、今の県立鶴丸高校で、個性豊かな〝名物先生〟として新しい風を吹き込んだ児島《こじま》ツネをご紹介します。

　ツネは、一八六三年（文久三年）、鹿児島城下・名山町《めいざんちょう》に生まれました。

　明治九年、十三歳の時、鹿児島県の最初の国内留学生の一人に選ばれて、東京女子師範学校に学びます。

　翌年、西南戦争が起こって留学は中断しますが、

「どしてん（どうしても）、勉強したか（したい）」

と、戦争が終わると自費で上京して学業を続けま

す。

卒業したツネは、母校の付属小学校で二年間教鞭を取ったあと、横浜英和女学校に移って、国語と数学を教えるかたわら、自分では英語の猛勉強を始めます。

そして明治十九年、今度はアメリカのメリーランド州の大学に留学します。

鹿児島じゃ、おなごん子の一割しか、小学校に通っていなかった時代ですよ。すごかぁ〜。

アメリカでの四年間、ツネの成績は抜群で、それに外国の開放的で自由な空気が身についで帰国します。

そして四十八歳になった明治四十四年、故郷・鹿児島の第一高等女学校、いわゆる一高女の先生に迎えられます。

ツネの英語授業は、自由で斬新。まず生徒に英語の歌を教えます。

〝♪エービーシーディー、イーエフジー………〟

〝♪ワンリトル、ツーリトル、スリーリトル・インディアンズ……〟

次は讃美歌……という具合で、もう英語の授業か唱歌の時間か、区別がつきません。

そして、英語が上達したところで、英会話や英語劇をやらせるんですね。

〝良妻賢母〟を女子教育の基本としていた当時、ツネは生徒に、

「裁縫なんか習わんでもよかよ。英語を勉強しやんせ。着物は人に縫ってもらえば間に合うがね。それでよかと」

と、笑ってよく言っていたそうです。

ツネは、つね（常）に「新しい教育」をめざそうとしていたんですね。

今夜は、一高女の名物先生・児島ツネを紹介しました。
ジ、エンドう豆、アイアム・ウタノスケ、シーユーアゲイン！

第六十三回　六月十五日放送

奄美定期航路の開拓者　浜上謙翠の巻

　今夜ご紹介するのは、閉ざされていた奄美諸島に定期航路を拓いた浜上謙翠《はまがみけんすい》です。謙翠は、一八五一年（嘉永四年）、喜界島に生まれました。

　そん当時の奄美諸島は、薩摩藩の支配下にあって、島民は本土や沖縄の間を自由に行き来できませんでした。

　また、島の基幹産業である「黒砂糖」も、薩摩藩の専売で、搾《しぼ》いかぎい搾られて、島民の生活は苦しいものでした。

　喜界島に流されていた村田新八は、

「今んままじゃ、ダメごあんど。新しか世の中を作らんと、いっもはん（いけません）。実現するには、おはんたちにかかっちょっとごあんど」

と謙翠ら、若者たちに教えます。その教えは、のちに謙翠の活動を支える力となりました。

時代は明治へと変わり、役人となった謙翠は、「奄美群島の暮らしを豊かにするには、どげんすればよかじゃろか」と日夜考え、島々の生活をつぶさに見てまわります。

そして、明治二十六年、「大島郡状態書《おおしまぐんじょうたいしょ》」という報告書を書き上げます。

それは、「奄美の産業である黒砂糖の生産をもっと盛んにしなければならない」と、島民に訴えるものでした。

そして「そのためには」と、謙翠は考えます。「定期的に本土と交流しなければ、島の経済も文化も発展しない。海上航路、そいも定期航路を作らにゃならん」と決心します。

謙翠は、役人をきっぱりとやめ、この仕事に生涯をかけることにしました。

東京、大阪、鹿児島とあちこちを飛び回り、交渉に交渉を重ねた末、ついに明治二十七年に会社を設立、定期航路を就航させました。

その後も、航路維持のために自分の財産を投げ出して、島民の生活向上のために一生懸命動き回ります。

しかし、やっと事業が安定しようとした時、病にたおれ、明治三十四年、五十歳の生涯を閉じました。

今夜は、奄美の振興に生涯を捧げた浜上謙翠を紹介しました。

第六十四回　六月二十二日放送

木曽川治水の総奉行　平田靭負の巻

今夜は、木曽川の治水に命をかけた平田靭負《ひらたゆきえ》を総奉行とする、薩摩義士の話です。

一七五四年（宝暦《ほうりゃく》四年）正月、平和な鹿児島城下をゆるがす知らせが江戸からの早飛脚で届きます。

そんな知らせは、

「美濃・伊勢・尾張の国にまたがる木曽川、長良川、揖斐川の治水工事のお手伝いを仰せつけるので、承知しなさい」

という、幕府からの命令書でした。

鶴丸城に、薩摩藩の重役たちが集まり緊急会議が開かれます。

「そん命令書を返上して、幕府と戦おうではあいもはんか！」

という意見が大勢を占める中で、家老の平田靭負が、

「いくさをすっつもいで、こん難しか仕事をやいもんそ。水害に苦しんでいる人たちも同じ日本人、兄弟同士ではごあはんか。ここで薩摩隼人の気概を見せつけもんそ！」

と訴えます。この言葉で、会議の空気は一転しました。

治水工事の総奉行に平田靭負が任命され、二月には藩士と工事人夫、あわせておよそ千人が美濃の国・今の岐阜県大巻《おおまき》（当時は大牧）に着きました。

苦しい工事が始まりました。幕府の役人のいやがらせで、〝薩摩藩士には酒や肴など出すな〞と村々に言い伝えてありましたから、夜は、飯と汁だけの食事。寝る時はムシロの上に薄いフトン一枚というあわれなものでした。

工事でも幕府の役人の横暴は目に余るものがありました。前の日に打ち合わせたとおり工事したのに、次の日には「やり直せ」と言い出す始末です。

こんな〝いやがらせ〞や、〝ののしり〞に耐え切れず、あるいは責任を感じて、切腹した藩士は、ナント五十二人。また、赤痢が流行して三十二人もが亡くなりました。

こんな苦しい工事も、全員の血と汗と涙の努力で、ひとつひとつ完成していきまし

た。

そして、ついに次の年の春、工事は終了、江戸から検査をする役人がやってきましたが、不合格は一カ所もありませんでした。

靭負は、薩摩にあてて工事終了の報告書を書いた夜、八十人を超える犠牲者を出したこと、そして、工事に莫大な金を使ったことの責任を一身に背負って切腹しました。

靭負の辞世の句です。

住み慣れし　里もいまさら名残りにて
　立ちぞわずらふ　美濃の大牧

第六十五回　六月二十九日放送

密航、入門、横綱に！ 朝潮太郎の巻

今夜は「胸毛の横綱」といわれた、第四十六代横綱・朝潮太郎《あさしおたろう》をご紹介しもんそ。

朝潮は、本名を米川文敏《よねかわふみとし》といい、昭和四年、神戸に生まれました。

太平洋戦争末期の昭和二十年、B29の空襲にたびたび遭い、米川一家は、両親の故郷・徳之島亀津《かめつ》に引き揚げます。

そん時、文敏少年は十五歳。身長一七七センチ、体重は九十キロを超す当時としては巨漢で、亀津の人達をタマガラセ（驚かせ）ました。

相撲が盛んな奄美諸島ですから、町の人たちは朝潮の体格を見て、ほおっておくはずがありません。

地区対抗の相撲大会にひっぱり出されましたが、こん（この）時は〝相撲のスの字〟も知りません。

コテンパンに、やられてしまいました。

元来、負けることが嫌いな性格です。悔しさをバネに、相撲の猛稽古に励んで、とうとう徳之島で誰もかなう者はいなくなってしまいました。

「いけんしてん（どうしても）、本土で相撲を取ってみたか」

……朝潮の希望はふくらみます。

ところが、当時、奄美諸島はアメリカの統治下にあって、本土との行き来は自由には、できませんでした。

昭和二十三年春、〝相撲を取りたい〟一心と、自分の力で新しい世界を切り開こうという気概を胸に、朝潮は危険を承知で、本土行きの〝密航船〟に乗り込みます。

不安よりも情熱の方が強かったんですね。ボッケモンじゃ〜。

高砂部屋に入門した朝潮は、なんとその年の十月には秋場所で初土俵を踏みます。

それから十一年後の昭和三十四年五月、ついに横綱にまで昇進、「胸毛の横綱」として勇名を馳せました。

今夜は、徳之島が生んだ横綱・朝潮太郎でした。

第六十六回　七月六日放送

野球の名付け親　中馬　庚の巻

今では、ベースボールと言えば、「野球」と誰（だい）でん知っちょいやっですね。

実は、この英語のベースボールを「野球」と訳した人、つまり「野球」の〝名付け親〟が、鹿児島出身の中馬《ちゅうまん》　庚《かなえ》という人なんですね。

庚は明治三年、今の鹿児島市西千石町に三人兄弟の次男として生まれました。三人とも、「秀才兄弟」として評判も高かったそうですよ。

明治二十一年、上京して第一高等中学校（のちの第一高等学校）に入学した庚は、外国から入ってきた新しいスポーツ「ベースボール」に熱中して、二塁手・五番打者として活躍します。

そん頃のベースボールは、キャッチャー以外は、素手で、あの硬かボールを取っていたそうで、みんな〝ツラの皮〟んにゃ、〝手の皮〟が厚かったんですね。

一高を卒業して、東京帝国大学（今の東京大学）に進んだあとも庚はOBとして一高ベースボール部を指導します。

そして明治二十七年、「一高ベースボール部の歴史を本にまとめよう」ということになり、庚に世話役が回ってきます。

ここで庚は、ベースボールという呼び名を、だれでもが親しめる日本語に訳そうと苦心します。

「ベースを一塁、二塁と踏んでいくから、『塁球《るいきゅう》』ちゅうのは、どげんじゃろかい。塁球……なんかピンとこんな～」

「広か庭でやるから『庭球《ていきゅう》』は……ウ～ン、『ローンテニス』ちゅう別のスポーツもあるしな～」

「ベースボールは、ボールプレイ・イン・フィールド……野原でする球遊びという意味じゃっどな～……それなら野原《のはら》の球《たま》・『野球』ちゅうのは、どげんじゃろかい。『野球』……ン～よか響きじゃ！」

こうして、「野球」という言葉が誕生したのです。

このほかにも、ピッチャーを「投手」、キャッチャーを「捕手」、ファーストベースを「一塁」、ストライクアウトを「三振」という用語を次々に編み出していきました。

庚は、昭和七年に六十二歳の生涯を閉じますが、昭和四十五年には、わが国の野球の発展に尽くしたという功績で「野球殿堂入り」をしました。

今夜は、野球の名付け親・中馬庚を紹介しました。

第六十七回　七月十三日放送

初代日銀総裁　吉原重俊の巻

今夜は日本銀行の初代総裁で、西南戦争以降、紙幣を乱発してガタガタになっていた日本の財政を立て直すことに貢献した吉原重俊《よしはらしげとし》です。

重俊は一八四五年（弘化四年）、今の鹿児島市下荒田町《しもあらたちょう》に生まれました。

やはり、ビンタ（頭）がよかったようで、わずか十二歳で難しい漢文をスラスラ読んだといいます。

一八六六年（慶応二年）には、薩摩藩の第二次英国留学生に選ばれて、明治六年に帰国します。

そして、明治政府の外務・大蔵畑を歩いたあと、明治十五年に日本銀行が設立されると、初代総裁に迎えられます。

重俊は、紙幣を乱発しすぎて、国庫準備金とつりあっていなかった日本経済の立て直しに奔走します。

きょうは、「公債」・国の借金ですね……。この公債をイギリスから借りようとしていた時の話です。

日本は、イギリスから資金を借りられるということが決まり、重俊がその調印のためにロンドンへとやってきていました。

いよいよ調印というその日、両国の仲立ちをしてくれたイギリス人のシャンドが重俊のホテルにやってきました。

重俊は、いきなりシャンドに尋ねます。

「イギリスには、タタミがあいもすか?」

「オー、よしはらサーン、たたみハ、イギリスニハ、アリマセーン」

「そいなら、白か木綿《もめん》は、あいもはんか?」

「白イ、もめんヲ、ドースルンデスカ?」

「着物にすっとごわす」

「よしはらサーン、イッタイ、ドーシタンデスカ?」

「ゆうべ、本国から『公債の相談は取りやめじゃ』という連絡が来《き》もした。武士が一度約束したことを、反故《ほご》にすっことはできもはん。あたいは、切腹すっつもいごわす」

重俊は、白装束でタタミを敷いて切腹すっつもいなんですね。

「オーノー、よしはらサーン、ダメダメ、『ハラキリ』ダメヨー」

シャンドは、必死になって切腹を思いとどまらせたといいます。

いや〜、ボッケモンそのものですね〜。

重俊は、その後も財政立て直しにキバリますが、その結果も見ないうちに、わずか四十二歳で生涯を閉じています。

第六十八回　七月二十日放送

自由民権運動の闘士　長谷場純孝の巻

今夜ご紹介するのは、薩・長の藩閥政府打倒の先陣に立ち、自由民権運動の闘士として活躍した長谷《はせ》場《ば》純孝《すみたか》です。

純孝は一八五四年（安政元年）、日置郡串木野村、今の串木野市に生まれました。少年時代からテンガラモン、「神童」といわれていたそうです。

……やっぱい、DHAがズンバイはいった串木野ン〝つけあげ〟をたもっちょった（食べていた）からでしょうかね……。

そして十八歳の時、上京して西郷隆盛や川路利良《かわじとしよし》に知り合って、巡査どんになります。

明治七年に、その西郷さんが征韓論に敗れて鹿児島に帰ると、純孝もあとを追い、三年後に西南戦争が起きると、西郷軍に参加して官軍と闘います。

この戦争で官軍に捕らわれた純孝は、三年の実刑判決を受けて富山県にある監獄に送られました。

この獄中で純孝は、これからの日本のことを考えます。

「薩摩と長州の藩閥政治を続けちょれば、日本はよくならん。こいからは、人民の自由な意見を聞いて『憲法』を制定して、国会を開設せんといかん」

純孝は、猛烈に政治の勉強をしたくなります。

しかし、夜の監獄の中はまっくらで何（なん）も見えません。

純孝は、監獄の署長に願い書を出します。

「ロウソク一本でよしゅごあんで、つけさしてくいやはんどかい」

しかし、賊軍の言うことをすんなり聞いてはくれません。

「罪人のくせに、勉強したいとはなにごとか！　反省が足りん！」

純孝も〝さつまのボッケモン〟です。今度は県令・今の知事に願い書を送ります。

「変わった罪人がおるのう。ロウソクくらいなら、よかじゃろう」

願いが許されて、純孝は勉学に打ち込むことができました。

出獄後、自由民権運動に身を投じ政治運動に奔走します。

そして県議会議員を経て、衆議院議員に十一期連続当選、代議士生活の半分を野党として、藩閥官僚政治の打倒をめざしてキバリました。

のちに、衆議院議長、文部大臣も務めています。

今夜は、長谷場純孝をご紹介しました。

第六十九回　七月二十七日放送

西郷銅像を作った男　安藤　照の巻

みなさんは、西郷さんの銅像は、よくご存じと思いますが、東京・上野の西郷さんは浴衣姿、鹿児島の西郷さんは軍服姿ですね。

なんごて違うかおわかりですか……そうです。作者が違うからなんです。

上野の西郷さんは、高村光雲《たかむらこううん》作、鹿児島の西郷さんは、鹿児島出身の彫刻家・安藤《あんどう》照《てる》の作品なんですね。

今夜の話は、〝ナンゴテ鹿児島の西郷さんが「軍服姿」になったのか〟の一席です。

安藤　照は明治二十五年、今の鹿児島市新屋敷町に生まれました。

東京美術学校・今の東京芸術大学に進んで、在学中から美術展に入選するなど、若いうちから才能を認められていました。

昭和十二年、鹿児島の西郷銅像は完成するんですが、ナント、準備に十年かかったんだそうです。

銅像を作ることになって、安藤は「どげんすれば、西郷さんらしか像ができっどかい……」と、十年間、悩みに悩みぬきます。

毎日毎日考えているうち、ある日安藤にピーンと、インスピレーションがひらめきました。

「そうじゃ。西郷さんを一言でいえば、〝正直さ〟じゃ。〝真っ正直〟〝生真面目さ〟じゃ！」

安藤が思い浮かべたのは、明治六年に明治天皇列席のもとで千葉県習志野で行われた「第一回陸軍大演習」の時の西郷さんの姿でした。

西郷さんのその時の姿とは、〝若い明治天皇に万一のことがあってはならない〟と、大雨の中、天皇のテントの外で、寝ずの番をした姿でした。

なにも陸軍大将が、自分で不寝番をする必要はないんですが、生真面目な西郷さんは、それをやり通したのです。

「こいこそ、真っ正直な西郷さんの姿じゃ！」

こうして安藤は、城山の下に立つあの西郷さんの銅像を完成させました。

軍服は、〝薩摩は「武の国」だから〟という理由からではなかったんですね。大雨の中、若い天皇のことを心配して、テントのまわりを歩き回っている大男の生真面目さを表現したものだったんです。

今夜は、西郷銅像を作った彫刻家・安藤　照をご紹介しました。

第七十回　八月三日放送

明治の外交官の波乱人生　寺島宗則の巻

今夜ご紹介するのは、松木弘安《まつきこうあん》、のちの寺島宗則《てらじまむねのり》です。明治政府の外務卿《がいむきょう》として、日本の外交官の先駆けとなった人です。

松木は一八三二年（天保三年）、今の阿久根市・脇本《わきもと》に生まれました。

こどもの頃から長崎や江戸でオランダの学問と医学を学び、語学も堪能。二十九歳の時には、幕府の使節団としてヨーロッパへと派遣されました。

帰国してみると、あの生麦事件が起こっていて、薩摩とイギリスは険悪なムードになっていました。松木は船奉行《ふなぶぎょう》として、薩摩に呼び戻されます。

松木と相棒の五代友厚《ごだいともあつ》は、鹿児島湾の重富沖に停泊している薩摩の蒸気船・三隻の監督にあたります。

一八六三年（文久三年）七月、突然、五隻のイギリスの軍艦が薩摩の蒸気船を取り囲みました。数十人のイギリス兵が乗り込んできて、

「ヘーイ、コノ船ハ、イギリスガ没収スル。オトナシク引キ渡セ！」

乱暴な話です。松木と五代は体を張って抵抗します。

「薩摩とエゲレスは、まだ宣戦布告をしちょいもはん。どげん理由で、わが薩摩の船を奪おうち、すっとな！」

イギリス兵は銃剣を突き付けて、松木の言うことなど聞き入れようとしません。

「うんにゃ！あたいどんは、剣で突かれようが、鉄砲で撃たれようが、ここから動きもはん！」

とうとう、二人はイギリス軍の捕虜となってしまいました。

「蒸気船がエゲレスに取られもした！」という知らせとともに、海岸の大砲がいっせいに火を吹き、あの薩英戦争の火ぶたが切って落とされたのです。

この戦争は結局、台風が来て、イギリスの軍艦が逃げ帰るという結果となり、松木と五代も横浜で釈放されます。

しかし、この戦争をきっかけに、このあと薩摩とイギリスは急速に交流を深めていくことになります。

今夜は寺島宗則の若かころのボッケモンぶりをご紹介しました。

第七十一回　八月十日放送

蓑と笠で地方振興　前田正名の巻

今夜ご紹介するボッケモンは、地方の農業や産業の振興に一生を捧げた前田正名《まえだまさな》です。

十九歳の時に、兄の献吉《けんきち》たちと一緒に英和辞典の「薩摩辞書」を作って、海外留学を果たしたところまでは、前にお話しました。

きょうは、こんあとの話です。

フランスの進んだ農業や農政を学んだ正名は、帰国後明治政府に迎えられますが、明治十七年に、政府の政策を批判する意見書を出したがために、職を追われてしまいました。

それでも、見る人は見ておいやっとですねえ。

三十九歳の時に、正名は山梨県知事に任命されます。

その赴任する時の格好というのが、ゴザを背負って、足には脚絆《きゃはん》とワラジという〝ホームレス〟スタイル。

正名は、その格好のままで、ある茶店にと入りました。

「お茶を一杯、たもはんか（くださいませんか）？」

〝うさんくさい客が来たなあ〟と思っていた茶店の主人は、正名の懐に、りっぱな金時計があるのを見つけました。

〝こいつは、いつか新聞で見た強盗じゃなかろかい〟

主人の通報で、警官が飛んできました。

早速取り押さえようとしますが、正名は悠然とお茶をすすったあと、

「待ちなさい。ワシは、こういう者じゃ」

差し出した名刺を見ると、〝山梨県知事・前田正名〟と、あるではありませんか！

「ハ、ハー。今度新しく来やった知事さんごわしたか～。失礼をば、しもした！」

正名は、知事着任後も〝ワラジばき〟で県内を回り、「蓑笠《みのかさ》知事」と呼ばれて、県民に親しまれたということです。

今夜は前田正名をご紹介しました。

第七十二回　八月十七日放送

薩摩焼の名工　第十二代　沈　寿官の巻

今年は、薩摩焼が渡来して四百年ですね。

今夜は、この薩摩焼を「世界のサツマヤキ」として名声を高めさせた名工・第十二代沈《ちん》 寿官《じゅかん》をご紹介しましょう。

寿官は、一八二四年（文政七年）、苗代川《なえしろがわ》、今の東市来町・美山《みやま》に生まれました。

陶工としての腕前も超一流。〝海外にも通用する薩摩焼を作らんといかん〟と、白薩摩の製作と研究に打ち込む毎日です。

そして明治六年、オーストリア万博に、大人の背丈ほどもある〝錦手大花瓶《にしきでおおかびん》〟の一対を出品します。

この作品は、外国人の絶賛を浴びました。そして各国へ白薩摩を輸出する足掛かりともなったのです。

「さあ、こいからじゃ」という時に、西南戦争のあおりを受けて、多くの陶工が職を失ってしまいました。

「このままじゃ、薩摩焼が途絶えてしまう」……寿官は私財をなげうって製陶所を作って、陶工たちに仕事を与えました。

また、自分の研究成果もどんどん公開して、後継者の育成に努めました。再び苗代川は活気を取り戻しました。

しかし、今度は白薩摩の名声を利用した〝ニセモノ〟が出回って、薩摩焼の信用を落としてしまいました。

心配した業者が寿官に忠告します。

「ニセモノには堂々と〝沈 寿官・作〟と書いたものまであいもんど。こんままで、よかとですか？」

しかし、自分の作品に自信と誇りを持つ寿官はケロリとして言いました。

「私の名前を使って儲かるなら、外貨が入って結構、結構。お国のお役に立っているではごあはんか」

薩摩焼ばかりでなく、日本のことも考えていたんですね。

寿官は、竹細工にヒントを得たという〝透かし彫り〟や、〝浮き彫り〟などの技法を確立して、多くの名品を残しました。

今夜は、薩摩焼の名工・第十二代沈 寿官をご紹介しました。

第七十三回　八月二十四日放送

日本財政の基礎を作った総理　松方正義の巻

今夜は、日本の資本主義の発展に尽くし、国の財政の基礎を築いた松方正義《まつかたまさよし》をご紹介します。

正義は一八三五年（天保六年）、今の鹿児島市下荒田《しもあらた》に生まれました。

こどもの時に両親を失って、毎日の食べ物にも事欠く中で勉学に励んだといいます。

幕末には西郷、大久保のもとで活躍して、その実力を認められ、明治新政府で財政担当の仕事に携わります。

そして明治十四年、ついに大蔵卿までのぼりつめます。

しかし、当時の日本の財政はガタガタ……西南戦争の影響で物価が高騰、ひどい〝インフレ〟に悩まされていたんですね。

「今は、紙幣が多すぎる。これを整理して、国内にある金や銀とつりあう紙幣の数にせにゃならん！」と、正義は決心しました。

しかし、この政策を取ると、物価が急激に下がってしまいます。

当時の農家は、コメを売って税金を納めていましたから、そのコメが安くでしか売れなくなります。

「国の財政の半分以上が、農家の税金ちゅうことは、わかっちょいもす。農家を苦しめることにはないもすが、苦しかといって、税を少なくすると、日本の国が成り立ちもはん。ここは、国民みんなが我慢して、国の財政を立て直しもそ。そいも、五年の辛抱ごあんそ」

正義は、政府の高官はもちろん、明治天皇までにも説き続けて、この政策を断行したのです。

自分が憎まれ役になって〝大ナタを振るう〟ちゅうのは、ちっとやそっとのボッケモンじゃでけんですよ。〝大風呂敷〟なら、私も広げられますが……。

正義はこのあとも、総理大臣を二度も務めながら、十四年半にわたって、財政の最高責任者として日本の資本主義を先導していきました。
今夜は、松方正義を紹介しました。

第七十四回　八月三十一日放送

薬作りに生きたボッケモン　上野十蔵の巻

みなさんは、ドリンク剤の〝グロンサン〟は、よく知っちょいやっですね。
今夜は、「グロンサン」を作っている中外《ちゅうがい》製薬の創始者の川内出身のボッケモン、上野十蔵《うえのじゅうぞう》をご紹介します。
十蔵どんは明治二十五年、今の川内市に生まれました。東京高商・現在の一橋大学に通っていた時代は、実家からの仕送りを、ぜ～んぶ酒代につぎこんで、四年間を夏物・冬物一着ずつで過ごしたと言いますから、相当なボッケモンです。
卒業後、大正十年には貿易会社を作って順調なスタートを切ったのですが、二年後の関東大震災で、なんもかんも失い、振り出しに戻ってしまいます。

焼け野が原を呆然とながめていた十蔵どんは、震災で傷つき、手当ても受けずに死んでいく人達の姿を目の当たりにします。

「よし！　人間の命と健康を守る医薬品を作ることにしよう！」

まさにこの瞬間、薬作りに生きたボッケモン・上野十蔵が誕生したのです。

ドイツの〝ゲーヘ社〟から新薬を輸入する「中外新薬商会」の社長、兼、営業マンとなった十蔵どんは、疲れを知らない男でした。

薬のサンプルをたくさん入れた重いカバンを持って、「ゲーヘ、ゲーヘ」……これはドイツ語で〝歩け、歩け〟という意味だそうですが、これを口ずさみながら多くの病院を訪ねて、製薬企業のあり方を学んだのでした。

そして昭和二十六年には、当時、製造が困難と言われていた〝グロンサン〟の量産化に成功、病院用だけでなく、大衆向けの薬品会社として発展していきます。

鹿児島県の医師会館には、十蔵どんの功績を讃えて銅像が建てられています。

今夜は、中外製薬を作った上野十蔵を紹介しました。

第七十五回　九月七日放送

〃芸術三兄弟〃を育てた気骨の父　有島　武の巻

今夜ご紹介するのは、有島《ありしま》　武《たけし》です。

エ？　あんまり聞いたことがない？　そいなら、〝有島三兄弟のオヤッドン（父親）〟といえば、おわかりでしょう。

武は、今の川内市・平佐《ひらさ》の生まれで、明治政府で横浜税関長などの要職を務めました。

「お国のためになる」と思ったら、すぐに意見書を出すという性格で、八幡《やはた》製鉄所の建設や、鉄道の国有化は武の意見をもとに実行に移されました。

武のオッサン（奥さん）は、北国の盛岡・南部藩士の娘です。

激しい性格の武とは対照的に、理性的で、やさしいオッサンやったようです。

そして二人は、七人の子宝に恵まれました。

長男が小説家・武郎《たけお》、次男が画家となった生馬《いくま》、そして四男が小説家の里見《さとみ》弴《とん》です。

のちに〝有島三兄弟〟と呼ばれて、日本芸術の牽引役となりました。

さて、武が「日本鉄道」の副社長をしていたころのことです。

当時、重役の家族には一等客車のフリーパスが与えられていましたが、ある年の夏、武郎たちは、このパスを学校の友達に貸して、一緒に汽車旅行をしました。

これを知った武は、こどもたちをカンカンになってガリ（怒り）ました。

「おまえたちは、そんな不正直なことが、よくもできたもんじゃ！　わしのこどもだからこそ、なお恥ずかしいことじゃっと思え！」

次の日、こどもたちは旅行代金を持って、鉄道会社と、旅行に連れ出したこどものところにあやまりに行ったのでした。

〝公私の区別をキッチリつける〟という、薩摩の男らしいエピソードです。

今夜は、有島　武をご紹介しました。

第七十六回　九月十四日放送

「ロシア文学のことなら俺に聞け」昇 曙夢の巻

今夜ご紹介するのは、奄美出身のロシア文学者・昇《のぼり》曙夢《しょうむ》です。

曙夢は明治十一年、今の大島郡瀬戸内町《せとうちちょう》・加計呂麻島《かけろまじま》に生まれました。本名は直隆《なおたか》といいます。

七人兄弟の、ちょうどまんなかで、チンケ（こどもの）時から勉強好きだったそうです。

奄美に二つしかない高等小学校に合格して、猛烈に勉強したあと今度は、鹿児島の師範学校を受験します。

ところが、充分合格できる学力があったにもかかわらず、曙夢は〝不合格〟となってしまいます。

どうやら、当時根強かった〝差別感〟によるものだったようです。

曙夢は、ここで〝現実の厳しさ〟をイヤというほど、見せつけられました。

故郷に帰った曙夢少年は、キビナゴを捕る〝網の番人〟として働くことになりました。

岬のそばに大きな網がしかけてあって、カツオ漁のエサとなるキビナゴを捕るのです。

曙夢は、ここで汗水たらして働きながら、将来のことを考えます。

「どげんしてん（どうしても）、勉強をしたか。自分で働きながら勉強すれば、家族にも迷惑をかけんですむ」

明治二十八年、曙夢は鹿児島に出てキリスト教の洗礼を受けました。そして翌年には東京に上って神学校に通い、ロシア文学に出会います。

そしてロシア文学の翻訳本を次々に発表します。

その数、数十冊！　明治四十三年にトルストイが亡くなった時には、大勢の新聞記者が曙夢のところに取材につめかけたそうです。

入試での屈辱感がバネになったのでしょうか、曙夢は、奄美をこよなく愛し、昭和二十八年の〝奄美の本土復帰運動〟でも先頭になって活躍しました。
そして昭和三十三年に八十一歳の生涯を閉じました。
今夜は、昇　曙夢をご紹介しました。

第七十七回　九月二十一日放送

動物を愛した児童文学者　椋鳩十の巻

今夜ご紹介するのは、鹿児島と動物を愛した児童文学者・椋《むく》鳩十《はとじゅう》です。

本名は久保田《くぼた》彦穂《ひこほ》で、明治三十八年に長野県の日本アルプスの麓の村に生まれました。

こどものころから山で遊びましたから、ペンネームも、〝山に生えている椋の木には、鳩が十羽ぐらいはとまるだろう〟とつけたそうですよ。

椋少年は「アルプスの少女・ハイジ」を読んで、文学の世界へと引き込まれていきました。

昭和五年、大学を卒業すると、〝海の物語〟を書きたくて鹿児島へとやってきます。

本当は、本人はもっと南洋に行きたかったのですが、鹿児島で女医をしていた姉に、「種子島に代用教員の口があるから、ちょっとやってみらんね」と、すすめられたのです。

「南洋にも近いし、海もあるからいうことなし。じゃあ一年くらい働いてみるか」と、勇んで種子島へと渡りました。

ところが、信州育ちの身には南国の暑さはこたえます。

生徒たちに「おまえたち、はだかになれ！」と、上半身はだかにさせて、自分も越中ふんどしひとつで授業をする毎日です。

この〝ハダカ授業〟が、ついにバレることになります。

ある日突然、村長と校長が授業参観にやってきたのです。

〝ふんどし先生〟は、ふたりに大目玉をくらい、「本日より、出校におよばず」……わずか三カ月で、クビになってしまいました。

このあと、加治木高等女学校の先生を経て鹿児島県立図書館長に就任するなど、〝かごしま人〟になりきって「マヤの一生」や「孤島《ことう》の野犬《やけん》」などの作品を、どんどん発表していきます。

〝母と子の二十分間読書運動〟も提唱しましたね。……そういえば、私も兄ちゃんと、かあちゃんと一緒に本を読んだなあ～。
今夜は椋 鳩十をご紹介しました。

第七十八回　九月二十八日放送

日本陸軍の名将　川上操六の巻

今夜ご紹介するボッケモンは、日清戦争で作戦の指導をして「日本陸軍の名将」といわれた川上操六《かわかみそうろく》です。

操六は、一八四八年（嘉永元年）、今の鹿児島市吉野町に生まれました。

こどもの頃から学問が好きで、わずか十八歳で藩校「造士館」の先生になりました。わっぜかビンタ（頭）がよかったんですね。

明治維新では、西郷さんのもとで幕府軍と戦ったのですが、西南戦争では官軍側にまわり、熊本城で薩摩軍と激しい戦いを繰り広げました。

ある日、敵の薩摩軍から操六あてに一通の手紙が届きました。

開いてみると、桐野利秋《きりのとしあき》からの会見を求める手紙でした。

桐野は、操六と同じ吉野村の生まれで、歳は桐野の方が十歳も上です。

操六が指定された場所に行ってみると、薩摩絣《がすり》を着た桐野が颯爽《さっそう》とした姿で立っていました。

「操六どん、さしかぶい（久しぶり）やね。元気しよったか。今度ん戦《いくさ》は、政府が悪か。早よ、薩摩軍に降伏しやんせ（降伏しなさい）」

「桐野どん、それは違（ち）ごど。こん戦（いくさ）は、政府軍に大義があいもす」

きっぱりと言い切る操六に、桐野も感心しきりです。

「昔の操六ではなか。フト（大きく）成長したもんじゃ……」

なおも、政府軍の正当性を説き続ける操六に、

「操六、わかった、わかった。もうこん話はやめて、酒どん（でも）飲んながら　昔話でもしよや（やろうか）」

ふたりは、昔の話をさかなに酒を酌み交わしました。

もうそろそろ、というところで操六は立ち上がり、涙をためながら言いました。

「桐野どん、お互いに立場は違（ち）ごもんどん、信念にもとづいて、悔《く》いがなかごっ、戦いもそ！」

桐野はにっこり笑って、城のあたりまで見送ったということです……。

今夜は、川上操六の若か時の話をご紹介しました。

第七十九回　十月五日放送

「女性も勉強しやんせ」黒田清隆の巻

今夜ご紹介するボッケモンは黒田清隆《くろだきよたか》です。

北海道開拓長官の時、村橋久成《むらはしひさなり》の意見をいれて、北海道に官営ビール醸造所（現在のサッポロビール）を造ったことは、前にお話しましたよね。

きょうのお話は、それより前、清隆が開拓使の次官に任命されたころのことです。

清隆は、江戸時代に蝦夷地《えぞち》と呼ばれていた北海道の原野を、どのように開発していけばいいのか考えていました。

「そうじゃ！　アメリカの開拓の方法で北海道も開発すればよか。それに、よか人材も育てんといかん」

清隆の提案は政府に認められ、明治四年、自らアメリカへと向かいました。清隆は大統領に会って、〃開拓使の顧問として、だれか派遣してほしい〃と願い出ました。

そして開拓者の村や、女学校なども見て回りました。

「う～ん。アメリカん女性の社会的な地位の高さと活動ぶりは、日本とは全然違（ち）ごどなあ……。日本の女性も社会にどんどん出ていかんと、国は栄えんど！」

帰国した清隆は、早速政府に訴えました。

「アメリカの女性の社会的地位は高かです。日本も男性とおなじく女性の教育が必要ち、思いもす。女子の留学生を派遣すっとは（派遣するのは）、どげんごわんそかい（いかがでしょうか）」

その年のうちに、我が国最初の五人の女子留学生がアメリカへと渡りました。

清隆が帰国して、わずか三カ月で実行に移されたことになりますから、すごかもんです。

〃言うは易《やす》し、行うは難《かた》し〃といいますからね。

ん～、ボッケモンじゃ。

そのあと、あの〝ボーイズ・ビー・アンビシャス〟で有名なクラーク博士を招いて札幌農学校を設立するなど、北海道の基礎は黒田の手によって着々と築かれていきます。
今夜は黒田清隆をご紹介しました。

第八十回　十月十二日放送

「あたいは何も知いもはん」西郷従道の巻

今夜ご紹介するボッケモンは、西郷さんの弟・西郷従道《さいごうつぐみち》どんです。

西郷さんが、日本で最初の陸軍大将になったことは、みなさんよく知っちょいやっですが、従道どんが最初の元帥・海軍大将ということは、あまり知られていませんよね。

兄弟で〝陸と海〟を征したんですね。

明治二十六年、二度目の海軍大臣に任命された従道どんは、海軍の制度を改革しようと、大佐で、同じ薩摩出身の山本権兵衛《やまもとごんのひょうえ》を呼びました。

「権兵衛どん、一大佐の身で難局にあたるのは大変じゃろどん、おまんさあに頼みたか。あたいは、海軍の詳しかことは、何（ない）も知いもはん。じゃっどん、外部に対する責任はすべて、あたいが取いもそ。海軍のことは全部、おまんさあにまかしもそ。よすごわしな」

「わかいもした。存分にやらしてもらいもす」

権兵衛は、まず無能な幹部の人員整理に取り組みます。

クビを宣告された幹部たちは従道大臣の部屋におしかけました。

「大臣、一大佐にすぎん権兵衛に、なんであたいたちがクビにされんとならんとですか」

「あたいは、権兵衛どんに全てまかしておいもす。彼の言うことは、おいどんの考えごわす。文句があいもすか！」

人の力量・手腕を見抜くと全面的にバックアップして、責任は自分が取るちゅうことは、やっぱい人間の器の大きさが違いますね。これぞ、ほんのこち、人の上に立つ器を持ったボッケモンです。

ふたりとも酒豪で、呑むと権兵衛は、

「閣下は海軍では新参、おいどんは古参ごわす。なんでん、おいどんの意見を聞っきゃったもんせ」

と、ハラグレ（冗談）を言って従道どんを笑わせていたそうです。
今夜のボッケモンは、西郷従道の巻でした。

第八十一回　十月十九日放送

「西郷像は供出できもはん」 勝目 清の巻

今夜は、戦後の焼け野が原を今日《こんにち》の近代都市へと復興させた元・鹿児島市長の勝目《かつめ》 清《きよし》を紹介しもんそ。

清は明治二十七年、今の鹿児島市下竜尾町《しもたつおちょう》に生まれました。

東京帝国大学を卒業後、当時の東京市・電気局に入りますが、四年後の大正十三年、鹿児島市助役に迎えられます。

この時、清は三十歳。これからのち、実に三十年近くを鹿児島市の発展に尽くすことになります。

太平洋戦争も末期、金属を調達するために、全国の銅像を出すように国から命令が来ました。

こん中に〝西郷さんの銅像〟も含まれています。

「西郷さんの銅像は、〝鹿児島の心〟じゃ。絶対に供出できん！」

清は固く決意しました。

国や県から「早く出せ」と、矢のような催促です。そん頃は軍部主導で、軍の言うことは絶対でした。

ついに、国と県の担当者と直接交渉することになりました。

しかし国は、「供出せよ」の一点張りです。

「軍の命令ですから撤去します。軍にさからう気ですか！」

「お取りになるなら、取ってみやんせ。われわれ鹿児島の者は、絶対、取らせもはんど！　よすごわしか（よろしいですか）！」

清は毅然と答えました。泣く子も黙る軍部に、真っ正面から反抗するとは、まっこてボッケモンです。

その後、軍からは何も言ってこなかったそうです。……そして終戦。

西郷さんの銅像がない城山の麓は、想像もできませんね。

清は昭和二十一年に鹿児島市長に就任、街の復興へと乗り出したのでした。

今夜は勝目　清をご紹介しました。

第八十二回　十月二十六日放送

〝英雄、色を好む〟伊地知正治の巻

今夜ご紹介するボッケモンは、「戊辰戦争」で西郷総大将のもと、参謀として作戦を指揮して、官軍を勝利に導いた伊地知《いじち》正治《まさはる》です。

正治は一八二八年（文政十一年）、鹿児島城下・千石馬場《せんごくばば》に生まれました。

こまんか時から、左の目と右足が不自由でしたが、人一倍の〝がんばりや〟で、薩摩藩の合伝流《ごうでんりゅう》兵学を修め、そして、示現流《じげんりゅう》の使い手となりました。ハンディをハンディともせずに、キバいやったんですね。

三十四歳で薩摩藩の〝軍役《ぐんやく》奉行〟となった正治は、薩英戦争、禁門の変、戊辰戦争と、次から次の陣頭指揮で活躍します。

旧・幕府軍との最初の衝突・「鳥羽・伏見の戦い」ん時です。

隊長という重い任務にあった正治ですが、いよいよ、あす戦いの火ぶたが切られようという前の晩、ひとり隊を抜け出して、どこかへ行ってしまいました。

「隊長が、おいやらん。幕府ん連中につかまったとじゃなかろかい。みんなで手分けしっせえ、見っけてけ〜（さがしてこい）」

部下たちは、ふとか声でおらび（叫び）ながら、隊長を見つけてさるき（歩き）ました。

やっとのことで見つけたのが、花街。ここで正治はおなごん衆を集めてドンチャン騒ぎの真っ最中……。

見つけられた正治は、少しも動ぜず、

「どげんな、みんなさあ。『英雄、色を好む』ち、言いいもしたどん、昔ん侍はエジ（ずるい）もんなあ〜」

部下たちは、アッケにとられたまま、何も言えなかったということです。ほんのこっのボッケモンですよね〜。

今夜のボッケモンは、幕末、明治維新と、激しい戦いを指揮した伊地知正治をご紹介しました。

第八十三回　十一月二日放送

「机の上で死んでくいやんせ」 樺山資紀の巻

今夜ご紹介するボッケモンは、日本海軍の基礎を作り、日清戦争を指揮した海軍大将・樺山資紀《かばやますけのり》です。

資紀は一八三七年（天保八年）、鹿児島城下・高見馬場《たかみばば》に生まれました。

ここの郷中《ごじゅう》は、薩摩藩の中でも名だたる郷中で、資紀はこまんか時から二才（にせ）衆にワッゼカ鍛えられました。

西南戦争では、熊本鎮台・参謀長として薩摩軍と戦い、四十七歳の時に陸軍から海軍に異動となりました。

明治十八年、内閣制度が発足すると、初代海軍大臣を引き受けた西郷従道《さいごうつぐみち》が、その足で資紀を訪ねてきました。

「あたいは、今、海軍大臣を引き受けてきもした。『そげな柄《がら》じゃごあはん』ち、断ったとでごわすが、とうとう、あてがわれてしももした。

そいで、頼みごあんどん、樺山どんがあたいの補佐役の次官としてキバってくいやはんどかい」

「えっ？　あたいが海軍次官ごわすか？　こら、なんちゅうこっな。あたいは、自信があいもはん」

資紀は必死に断りますが、従道は「頼んもす」の一点張りです。

「あたいは、戦場でケシン（死ぬ）こっばっかい考えておいもしたが、大臣は、あたいに机ん上でケシメという命令をしやっとでごわすか！」

語気強く詰め寄る資紀に、従道は平然と答えました。

「そんとおりごわす！」

従道の意志の固さに資紀は、それ以上何も言わず、海軍次官を引き受けたのです。

男と男が、誠意を持って話をすれば、もう、どげん言葉もいらんちゅうことですね。

のちに資紀は海軍大臣、初代海軍軍令部長の要職を務めることになります。

今夜は樺山資紀をご紹介しました。

第八十四回　十一月九日放送

近代警察の創設者　川路利良の巻

「オイ、コラ、待て！」

こん言葉が鹿児島弁て知ちょいやったですか。私は、てっきり標準語と思いましたがね。

明治四年、廃藩置県を断行するにあたり西郷さんは、ご親兵として鹿児島から引き連れてきた士族をもとに、東京の治安取締りに当たる「邏卒《らそつ》」（今のお巡りさん）をつくりました。邏卒三千人のうち二千人が鹿児島人で、言葉はほとんどが鹿児島弁です。

「オイ、コラ」

が氾濫したわけですね。そん邏卒の総長として、日本の警察制度を確立したのがさつまのボッケモン・川路利良《かわじとしよし》です。

利良は一八三四年（天保五年）、今の鹿児島市皆与志町《みなよしちょう》に生まれました。

明治五年、西郷さんの力ぞえで「ポリス」・警察組織と制度を調査するためにヨーロッパへ向かった時の話です。

ほとんど見てまわり、汽車に乗って「花の都・パリ」へ向かう途中、急に腹ん調子が悪くなり、大《だい》のほうをしたくなりました。

「うんにゃ～、こやいかん。言葉もわからんし、どげんすればよかどかい。困ったもんじゃ」

我慢しているうちに、迫ってきます。

「え～い、泣こよっか、ひっ飛べ！」

膝掛けで前をおおって、新聞紙をひろげて用を足し、新聞ごと汽車の窓から捨てて、何知らぬ顔でいました。

パリに着いた翌日の新聞に、

『昨日、車窓より汚いものを放り出したものは、日本人にちがいない。その包んだ紙は横文字ではなく、日本文字であった』

と、デカデカと書いてありました。

この事を聞いた利良は、
「日本文字は不便じゃど……。世界で日本しかなかでな〜」
翌年帰国した利良は、「日本もフランスのような警察をつくらにゃいかん」
と意見書を提出します。
明治七年、意見書が取り入れられ東京警視庁が創設されました。利良は、初代大警視《だいけいし》
（今の警視総監）に就任します。
ここに日本の警察制度が誕生したのでした。
今夜のボッケモンは、〝日本警察の父〟川路利良でした。

第八十五回　十一月十六日放送

「おいごと刺せ！」有馬新七の巻

みなさんは、有馬新七《ありましんしち》というボッケモンを知っちょいやったですか？

西郷さんやら、大久保さんらと同じく、明治維新の原動力となった薩摩のサムライです。

新七は一八二五年（文政八年）、今の伊集院町に生まれました。

こまんか頃から本をよく読み、神影流《しんかげりゅう》の剣法も学びました。

一八六二年（文久二年）、島津久光公が〝公武合体〟を唱え、兵を率いて上京します。新七も兵の一員としてお供しますが、その考えは、「幕府を倒して、天皇を中心とした政府を樹立すること」で、久光公の考えより、一歩先を行くものでした。

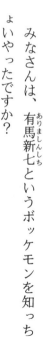

新七たち、勤王の志士は京都・寺田屋に集まり、幕府を討とうとします。

これを知った久光公は驚いて、奈良原喜八郎《ならはらきはちろう》ら八人を使者として寺田屋に送りました。

「新七どん、おいどま（我々は）、久光公のご命令で参りもした。殿が直接会って話がしたいと言っておられもす。京のお屋敷まで出頭せよとのことごわす」

「今、宮様のお召しで出掛けるとこいごわす。ご用が終わり次第、久光公のもとへまかいもそ（参りましょう）」

「君命でごわすぞ！　背《そむ》くなら、腹を切いやい！」

押し問答の末、とうとう、斬り合いになってしまいました。

チャリーン！

激しい斬り込みで刀が折れてしまって、新七はとっさに相手の胸元に飛び込み、壁に押し付けました。

近くにいた同志の橋口吉之丞《はしぐちきちのじょう》に叱るように叫びます。

「おいごと刺せ！　おいごと刺せ！」

吉之丞は瞬間ためらいましたが、意を決して思い切り二人とも突き刺しました。

薩摩藩士同志が討ち合う悲劇となりましたが、新七の行動とその死は、天下の志士に強い刺激を与え、やがて明治維新へと時代は動いていったのです。

今夜のボッケモンは有馬新七の巻でした。

第八十六回　十一月二十三日放送

阿寒開拓の父　永山在兼の巻

江戸時代、蝦夷地《えぞち》と呼ばれた北海道の開拓に情熱を傾けたボッケモン、黒田清隆や村橋久成を前に紹介しましたよね。

今夜は、黒田、村橋と同じぐらいの信念と情熱で北海道・釧路の開拓に挑んだボッケモン・永山在兼《ながやまありかね》をご紹介しもんそ。

在兼は明治二十二年、今の日置郡《ひおきぐん》東市来町《ひがしいちきちょう》に生まれ、七高を出た後、東京帝国大学で土木工学を学びました。

在兼は、

「自分の土木技術者としての夢と可能性を発揮するには、まだまだ未開の土地が多い北海道がよか。そいに、北海道開拓で鹿児島ん先輩たちが苦労しよっからな～」

と決心し、北海道庁に入ります。

大正十三年、内務省は国立公園候補地として阿寒湖を中心とする地域を発表します。

阿寒国立公園の将来を検討した在兼は、

「摩周湖《ましゅうこ》、屈斜路湖《くっしゃろこ》も入れた国立公園にせにゃ意味がなか。そいには、観光道路を作らねばいかん」

とプランを立てました。

そのプランは、地元住民も考えつかないもので、また困難な地形で難工事が予想されるとして道庁でも反対の声が強いものでした。

一度言い出したら、梃《てこ》でも動かぬさつまのボッケモン・在兼は、阿寒のためなら討ち死にする覚悟を決め、役人を説得してまわり予算をとりつけました。

昭和三年、工事は始まりました。何度もルート変更を余儀なくされ、熊におののきながらツルハシとスコップ、それにダイナマイトだけの人力を主体とする工事でしたが、昭和五年、ついに阿寒横断道路は完成しました。

国立公園第一号が完成したのです。今も地元の人々は、この阿寒横断道路（現在の国道二四一号線）を「永山道路」と呼んでいます。
今夜のボッケモンは、阿寒の地に未来と光を拓《ひら》いた永山在兼でした。

第八十七回　十一月三十日放送

アメリカから訴える反戦絵画　保　忠蔵の巻

十二月八日は、日本がハワイの真珠湾を奇襲攻撃し、日米開戦の口火を切った日です。

今夜のボッケモンは、アメリカから祖国・日本を思い、平和を訴え続けた画家・保《たもつ》 忠蔵《ちゅうぞう》を紹介します。

忠蔵は、自然豊かな奄美大島の竜郷町《たつごうちょう》に生まれました。父や兄から、

「勉強して役人になれ」

と言われますが、忠蔵には絵かきになりたいという夢がありました。

家族の期待に応えるべく東京の大学へ進んだ忠蔵でしたが、自分の夢を捨てきれず、とうとう大学を辞めてしまいます。

二十六歳の時、大陸へ渡った忠蔵は、画家の憧れるパリへ行く前にアジア諸国を放浪します。

ここで〝自由と平和〟を体感しました。

日本を出て五年目の大正八年、念願のパリに着きますが、自分の考えるパリではないと失望し、今度はアメリカへと渡りました。

アメリカでの忠蔵は、その日暮らしの毎日でしたが、絵への情熱は捨てませんでした。

昭和十六年、日本軍がハワイの真珠湾を攻撃します。

多くの日本人画家たちは、軍国主義に振り回される日本を批判しますが、忠蔵は、悩み苦しみ、

「オイはアメリカ人のひとりとして行動しよう。日本の人々に早く戦争をやめるように絵筆をもって呼びかけよう」

と決意し、アメリカ軍に志願しました。

従軍画家として、中国・ビルマ戦線に派遣された忠蔵は、ビラやポスターを作り、

『一刻も早く戦争をやめるように』

『日本は降伏せよ』

と訴え続けました。

連合軍の強大な兵力を知る忠蔵だからこそ、戦争を早く終わらせて日本人の犠牲を少なくしようと願ったんですね。

戦後、サンタフェに移り住んだ忠蔵は、「平和・自由」をテーマに絵を描き続け、よく口癖で、

「平和がなければ、芸術も教育もなか」

と言っていたそうです。

今夜のボッケモンは、平和と自由を愛し続けた画家・保　忠蔵を紹介しました。

第八十八回　十二月七日放送

「外国製に負けぬ顕微鏡を」山下　長の巻

今夜ご紹介するボッケモンは、外国製に負けない顕微鏡を作りあげて、今のオリンパス光学工業を創業した奄美大島出身の山下《やました》　長《たけし》を紹介しもんそ。

長は明治二十二年、今の奄美大島の名瀬市に生まれました。

チンケ（こどもの）時から、頭（ビンタ）がよかったそうです。

大正四年、東京帝国大学を卒業と同時に弁護士として活躍しますが、ほんとは実業界で働いてみたかったんですね。

弁護士をやめて商社に入社した長は、砂糖の輸入業務に従事して海外を飛び歩きます。

ある時、外国製の顕微鏡を見た長は、

「日本の顕微鏡は、外国の物に比べて全然歯が立たん。よし、いつか自分が顕微鏡を作ってやろう」

と決意します。

こん時から、オリンパスの原点が始まったんですね。

大正八年、高千穂製作所を創立し顕微鏡の開発に乗り出します。

長は、外国製の顕微鏡を一つ一つの部品に分解し、夜遅くまで研究を続けました。周りの人たちは、

「弁護士さんに顕微鏡のような、むずかしい機械の仕事ができるもんかい」

と最初は冷ややかでしたが、長の一途な態度に心打たれていきました。

そして技術者に、

「外国製品の模倣じゃだめだ。高千穂製作所独自のものを生み出せ。」

とはっぱをかけ、ついに最初の顕微鏡「旭号《あさひごう》」を完成させたのです。

その後、社名をオリンパス光学工業と変え、カメラ、顕微鏡で世界有数のメーカーへと発展していきます。

最近では、胃カメラなどの医療用内視鏡で世界シェアの七～八割を占めるようになり

ました。

胃がんなどの早期発見に役立っているんですよ。

また長は、故郷・奄美をこよなく愛しつづけ、人材育成のために奨学金の援助もしています。

今夜のボッケモンは、国産顕微鏡の開発に挑んだ、山下 長を紹介しました。

第八十九回　十二月十四日放送

奄美祖国復帰運動の父　泉　芳朗の巻

十二月二十五日は何の日か知ちょいやっですか。なあ〜？　イエス・キリストの誕生日、メリークリスマス！　そんとおりごあんどん、昭和二十八年十二月二十五日、奄美群島はアメリカ統治下から、正式に日本に復帰しました。今年で、復帰四十五年を迎えるんですね。月日が経つのは早いですね。

きょう紹介するのは、その奄美の祖国復帰運動に生涯を捧げ、指導者として活躍したボッケモン・泉《いずみ》芳朗《ほうろう》です。

芳朗は明治三十八年、徳之島の伊仙町《いせんちょう》に生まれました。

二十四歳の時上京して、詩人として次々と詩集を刊行します。

それは奄美の自然と農村をこよなく愛する自由主義とヒューマニズムにあふれているものでした。

昭和十四年郷里に帰り、教師として学校教育に尽くします。

太平洋戦争が終わった翌年の昭和二十一年二月二日、奄美群島はアメリカの占領下に置かれることに決定しました。

その日から、日本本土と奄美大島の連絡は途絶え、生活物資や食料品は入ってこなくなり、また、日本の雑誌・新聞も読むことが出来なくなりました。

芳朗は、

「こんままじゃ奄美ん人たちは、祖国なき民族となり、日本人としての自覚を失ってしまう。なんとかせにゃあ」

と考えます。

昭和二十六年二月、島民の強い願いから「奄美大島日本復帰協議会」が結成され、芳朗は、みんなに推されて議長になりました。

芳朗は、運動の第一歩として署名活動を始め、十四万人の署名を集めました。

復帰運動はますます盛んになりますが、アメリカ軍政府は取締りを強化し、運動の中止や協議会の解散を求めてきました。

芳朗は、

「祖国復帰への純粋な願いはだい（誰）も、また、どんな力をもってしてもおさえることはできん。これは、反米運動じゃなか。日本に返して欲しいという訴えじゃ」

と泣く子も黙る軍政府に強く抗議し、一歩も引きませんでした。

そして、

「祖国復帰の民族的悲願を、断食《だんじき》で世界の世論に訴えようではないか」

と島民に提案し、芳朗は百二十時間の断食祈願に入ります。

昭和二十八年十二月二十五日、ついに奄美群島は正式に日本に復帰し、八年にも渡る激しい運動は実を結んだのでした。

今夜のボッケモンは、〝奄美のガンジー〟泉　芳朗でした。

第九十回　十二月二十一日放送

「あたいが、すべて引き受けもうそう」西郷隆盛の巻

「さつまのボッケモン」もきょうで最終回となりました。一年九カ月間、ボッケモンをズンバイ（たくさん）紹介してきましたが、ボッケモンの真打ちといえば、やっぱい西郷さんですよね。

一八六八年（明治元年）一月、鳥羽・伏見の戦いに勝利した官軍の大参謀・西郷さんは、錦《にしき》の御旗《みはた》を立てて、江戸へ向います。そして「三月十五日をもって江戸城を総攻撃する」と決定しました。

旧幕府の陸軍総裁・勝《かつ》海舟《かいしゅう》は、

「もし、フランスの援助を得て新政府と戦えば、イギリスは薩長に加勢するだろうし、国内の戦争に外

国を巻き込むと厄介なことになる」

と考えていました。

西郷さんも「国内の問題に、外国の援助を頼むとはもってのほか」……事実、西郷さんは、イギリスの援助を断《ことわ》っていました。お互い攻める方も守る側も、外国の力を借りたら植民地化されると考えていました。日本の将来を見据えていたんですね。

総攻撃前日の十四日、西郷さんは海舟と田町《たまち》の薩摩屋敷で会見しました。

一室に案内された海舟が、しばらく待っていると西郷さんが庭のほうからやって来て、

「これは実に遅刻しもして、すんもはん」

と挨拶しながら座敷を通ってきました。

「勝先生、お久しゅうございます。先生の幕府をつぶしました。申し訳なかです」

と手をつきました。

「さあ、さあ、手を上げてくだされ。西郷さん。お見事だよ」

そして、いよいよ旧幕府と新政府の談判が始まります。

西郷さんは泰然と構え、海舟の言うことに一点の疑念もはさみません。そして旧幕府の条件を受け入れて、

「いろいろむずかしか議論もあいもそうが、あたいが一身にかけて引き受けもうそう」

その場で、村田新八と桐野利秋に江戸城攻撃の中止を全軍に伝えるように命令しました。

西郷さんの誠意ある態度が、江戸百万の生命と財産を守り、徳川家の滅亡を救ったのでした。

今の東京があるのは、西郷さんのおかげなんですね。知らんかったな～。

きょうは、ボッケモン中のボッケモン・西郷隆盛を紹介しました。

二十一世紀も西郷さん以上のボッケモンを薩摩から出しもんそ！

第九十一回　十二月二十八日放送

資料提供・撮影協力機関（者）《順不同・敬称略》

宮内庁書陵部・東京国立博物館・日本女子大学・北海道大学北方資料室・鹿児島県歴史資料センター黎明館（山下廣幸・馬場ちひろ）・鹿児島県立図書館・南日本新聞社・サッポロビール資料館・株式会社キャパ（今村茂助）・島津興業（島津修久・島津忠之・島津義秀・福満操・救仁郷良文・竹下ふみ子）・仙巌園《秀成荘》・尚古集成館（田村省三・松尾千歳）・島津商事（島津公保）・鶴嶺神社・オリンパス光学工業・中外製薬・ジェニック（乙守三千代・東郷洋一・桑木崇行・栫祐嗣・是枝龍也）・鹿児島市立西郷南洲顕彰館（山田尚二）・鹿児島市立美術館（立元史郎）・寿官陶苑（第十四代沈寿官）・野鶴亭・鹿児島大学農学部（中西喜彦・藤井信・大久津昌治・井上祐一）・鹿児島市役所・鹿児島市教育委員会・名瀬市役所・旧鹿児島紡績所技師館《異人館》・鹿児島市維新ふるさと館（徳永光治・中島理恵）・鹿児島市立鹿児島女子高校《玉里邸茶室》・株式会社山形屋（本村吉弘・岩渕寿・藤森俊彦）・吹上温泉みどり荘（池田日道）・日本ガス株式会社（宮元龍一）・鹿児島県教育文化研究所・長島美術館（鈴木政治）・金峰町立白川小学校・川内純心女子高校・串木野市民文化ホール・串木野高校野球部・串木野さのさ荘・川内市役所・川内市歴史資料館・JR九州川内駅・川内育英小学

校・若松病院《川内市》・笠沙町役場・片浦公民館・野間神社・金峰町「劇団かぼちゃ」・鹿屋体育大学・大口市役所（隈元新・中尾雅幸・竹村節生・竹之内通雄・前田健二・岩切正・吉海兼祥・辻浩明・帖佐文雄・小斉平信二・山内史郎）・河野辰男・みち潮《大口市》・枕崎市役所（萩原満郎・久木田敏・南田敏朗・床波正介・中嶋章浩）・鹿児島県大島支庁（上温湯和己・眞畑和行）・奄美大島青年会議所（竹下嘉時・重武孝一郎・配山尚之・米英樹）・鹿児島大学柔道部・星ケ峯幼稚園（箸野守）・うさぎ幼稚園・寺山牧場・吾平運送（川村正男）・野下開拓パイロット事業組合（上村辰夫）・川内戦国村（田ノ上忍・小幡兼弘）・松竹衣裳九州出張所・大竹豊・鹿児島実業高校相撲部・隼人町役場・瀬戸内町立図書館・瀬戸内町立郷土館・勝目和夫・渡辺昭二・元野景一・元野大地・名島義文・名島サヨ子・西条和久・奥正人・宮田翔一・上原みき・上原ゆみ・宮田さやか・川口まさき・図師健太郎・有川正人・福田千鶴子・佐藤秋子・白沢景則・脇田行博・児玉大二朗・**Ted Miller**・**Nathan Peter Anderton**・**Michael Wesley Hillyer**・**David Brandvold**・米森舞・米森奈菜・下優太郎・下浩隆・吉野香・江口清・濱口明子・大園秀峰・下本地章人・槐島栄一・藤本武文・堀田芳文・西博和・栗原菜穂子・横山美紀・木村由香里・後藤幸代・野島恵子・小坂由香・後藤メイ子

参考文献

『鹿児島百年』（上中下）　南日本新聞社編　春苑堂書店
『郷土人系』（上中下）　南日本新聞社編　春苑堂書店
『不屈の系譜』　鹿児島新報社
『かがやけ薩摩』　原口泉著　鹿児島南ロータリークラブ編
『熱き薩摩の群像七〇〇名』　下竹原弘志編　指宿白水館
『女たちの薩摩』　日高旺著　春苑堂書店
『南洲残影』　江藤淳著　文芸春秋
『薩摩回天』　郷原建樹著　スコラ
『鹿児島の先人たち』　芳即正監修　鹿児島の先人たち編集委員会　鹿児島教育出版
『郷土の先人』（小学校・中学校道徳）　鹿児島県教育委員会
『西郷隆盛』　鹿児島県育英財団
『幕末維新の男たち』　児玉幸多総監修　小学館
『島津斉彬図録』　芳即正・村野守治監修　鹿児島県歴史資料センター黎明館
『朝焼けの賦』　赤瀬川隼著　講談社
『かごっま弁辞典』　高城書房編集部編　高城書房
『鹿児島大百科事典』　南日本新聞社
『鹿児島県の歴史』　原口虎雄著　山川出版社

『企画特別展図録　五代友厚・寺島宗則・森有礼』　鹿児島県歴史資料センター黎明館
『若き森有礼』　犬塚孝明著　ＫＴＳ鹿児島テレビ
『残響』　田中和夫著　北海道新聞社
『桐野利秋のすべて』　新人物往来社編　新人物往来社
『物語サッポロビール』　田中和夫著　北海道新聞社
『大久保利通』　鹿児島県育英財団
『史伝丸田南里』　林蘇喜男著　大島新聞社
『ＮＨＫ人間大学　日本人と西洋音楽』　團伊玖磨著　日本放送出版協会
『新・さつま語の由来』　牛留致義著　南日本新聞開発センター出版教育局
『鹿児島県方言辞典』　橋口満著　桜楓社
『幻の宰相　小松帯刀伝』（上下）　瀬野富吉著　原口泉監修　小松帯刀顕彰会
『西郷隆盛と薩摩士道』　加来耕三著　高城書房
『郷土の先人に学ぶ』（上下続）　鹿児島県教育委員会大島教育事務局
『復刻　薩摩辞書』　高橋新吉・前田献吉・前田正名著　高城書房
『祖父東郷茂徳の生涯』　東郷茂彦著　文芸春秋
『南日本風土記』　川越政則著　鹿児島民芸館
『ＮＨＫかごしま歴史散歩』　原口泉著　日本放送出版協会
『東郷茂徳手記　時代の一面』　東郷茂徳著　原書房
『歴史群像シリーズ　西郷隆盛』　小向正司編　学習研究社

『歴史群像シリーズ　西南戦争』　小向正司編　学習研究社
『歴史群像シリーズ　日露戦争』　太丸伸章編　学習研究社
『鹿児島県史料』（一～七）　鹿児島県歴史資料センター黎明館編　鹿児島県
『薩藩女性史』　鹿児島市婦人会著　鹿児島市教育委員会
『図録　鹿児島県の歴史と文化』　鹿児島県歴史資料センター黎明館
『歴史と旅』（平成二年八月号）　鈴木亨編　秋田書店
『歴史と旅』（平成九年十月号）　星野昌三編　秋田書店
『かごしま文庫　若き薩摩の群像』　門田明著　春苑堂出版
『かごしま文庫　薩摩おごじょ』　吉井和子著　春苑堂出版
『かごしま文庫　薩摩の豪商たち』　高向嘉昭著　春苑堂出版
『かごしま文庫　薩摩のドン・キホーテ』　五代夏夫著　春苑堂出版
『鹿児島県史』（全七巻）　鹿児島県
『かごしま文学の旅』　朝日新聞社鹿児島支局編　三州談義社
『郷中教育の歴史』　原口泉ほか著　郷中教育研究会
『人物日本歴史館』（幕末・維新篇　前期・後期）　児玉幸多監修　三笠書房
『かごいまべん』　安田耕作著　南洲出版
『二本の銀杏』　海音寺潮五郎著　六興出版
『人斬り半次郎』　池波正太郎著　新潮文庫
『薩摩藩英国留学生』　犬塚孝明著　中央公論社

『海音寺潮五郎全集』　海音寺潮五郎著　朝日新聞社
『鹿児島と明治維新』　鹿児島県明治百年記念事業委員会
『幕末の薩摩』　原口虎雄著　中央公論社
『薩摩とイギリスの出会い』　宮澤眞一著　高城書房
『薩南血涙史』　加治木常樹著　大和学芸図書
『西南戦史』　川崎三郎著　博文館
『偉人の揺籃』　満江巌著　加治屋町偉人顕彰会
『郷土を興した人』　鹿児島県育英財団
『きらめく星』　鹿児島県育英財団
『薩摩の武人たち』　南日本新聞社
『島津重豪』　芳即正著　吉川弘文館
『大久保利通伝』（上中下）　勝田孫弥著　同文館
『元帥公爵　大山巌』　尾野実信編　大山元帥伝刊行所
『鹿児島の勧業知事　加納久宜小伝』　大囿純也著　春苑堂書店
『桐野利秋』　長野英世著　新人物往来社
『黒田清隆』　井黒弥太郎著　吉川弘文館
『五代友厚』　小寺正三著　新人物往来社
『造船王　川崎正蔵の生涯』　三島康雄著　同文館出版
『大西郷全史』　田中萬逸編　大倉書店

『連合艦隊』（上巻・勃興編）　鈴木勤編　世界文化社
『南洲先生新逸話集』　淵上福之助編　鹿児島新聞社
『西郷南洲と大久保甲東』　高橋淡水著　元文社
『大西郷の逸話』　西田実著　春苑堂書店
『島津斉彬公』　中村徳五郎著　文章院出版部
『海上王　浜崎太平次伝』　宮里源之丞・沢田延音著　浜崎太平次翁顕彰会
『シンシナチの星　田代四郎助の生涯』　南日本新聞社
『カリフォルニアの士魂』　門田明　テリー・ジョーンズ著　本邦書籍
『名越左源太翁』　永井亀彦編・発行
『山本権兵衛』　米沢藤良著　新人物往来社
『前田正名』　祖田修著　吉川弘文館
『大西郷遺訓』　小谷保太郎編　政教社
『薩藩の文化』　鹿児島市編　鹿児島市教育委員会
『かごしま歴史散歩』　下堂園純治編　南洲出版
『新訳　大石兵六夢物語』　福島万沙塔訳注　日之出印刷
『山形屋二百十七年』　株式会社山形屋
『かごしまの畜産』　鹿児島県農政部
『オリンパス光学工業五十年史』　オリンパス光学工業株式会社
『中外製薬社史』　中外製薬株式会社

『木曽三川治水物語』　三宅雅子原作　こだま出版
『川路大警視』　中村徳五郎著　日本警察新聞社
『明治のプランナー　大警視川路利良』　肥後精一著　南郷出版
『陸軍大将　川上操六』　徳富猪一郎著　第一公論社
『乃木静子夫人』　中村徳五郎著　三幸堂内　乃木静子夫人刊行所
『乃木と東郷（上・下）』　戸川幸夫著　読売新聞社
『ああボッケモン〝野球の名付親〟中馬庚脇中校長伝』　後藤善猛著　教育出版センター

番組制作スタッフ

《語り》三遊亭歌之介
《構成》松元憲一・堂脇悟・金子貴治
《監修》原口泉（鹿児島大学教授）
《再現ドラマ演出》川口拓海・深浦卓也
《カメラ》森治・湯之前美樹春・高山浩司・山元浩一
《奄美撮影協力》大野睦夫・松村和彦（クリエイション奄美）
《編集》蒲地孝二
《ＭＡ》伊地知宏和・渡辺博一
《ＡＤ》亀沢おり恵・西俣佳代子・新川梨沙
《美粧》宮園寛・四元里佳（ＦＩＸ）
《プロデューサー》松元憲一
《エグゼクティブ・プロデューサー》大野達郎
《制作協力》メディアプロ・株式会社キャパ
《制作・著作》《本書掲載写真版権》ＫＴＳ鹿児島テレビ

歌之介のさつまのボッケモン―復刻版―

平成30年7月1日　復刻版第1刷発行

編　著　鹿児島テレビ放送株式会社
監　修　原口　泉
発行者　寺尾政一郎
発行所　株式会社高城書房
〒891-0111 鹿児島市小原町32-13
電話 099-260-0554
振替 02020-0-30929

印刷所　大同印刷株式会社

Ⓒ KTS KAGOSHIMA TELEVISION STATION 2018 Printed in Japan
落丁本・乱丁本はお取り替えいたします。
ISBN978-4-88777-165-9 C0021